名师出高徒系列

拍打功道家循时修炼法

王凤鸣　编著

人民體育出版社

图书在版编目（CIP）数据

拍打功道家循时修炼法 / 王凤鸣编著. -- 北京：人民体育出版社, 2018（2024.10重印）
ISBN 978-7-5009-5453-8

Ⅰ. ①拍… Ⅱ. ①王… Ⅲ. ①道家—气功 Ⅳ. ①G852.6

中国版本图书馆CIP数据核字(2018)第237414号

*

人民体育出版社出版发行
北京新华印刷有限公司印刷
新　华　书　店　经　销

*

880×1230　32开本　6.25印张　147千字
2019年9月第1版　　2024年10月第3次印刷
印数：6,001—7,500册

*

ISBN 978-7-5009-5453-8
定价：25.00元

社址：北京市东城区体育馆路8号（天坛公园东门）
电话：67151482（发行部）　　邮编：100061
传真：67151483　　邮购：67118491
网址：www.psphpress.com
（购买本社图书，如遇有缺损页可与邮购部联系）

作者简介

王凤鸣先生1952年生于北京，从8岁起先后从师于王有志老师学习少林拳，从师于八卦掌第四代传人刘兴汉老师学习八卦掌。1975年正式拜师于陈式太极拳第十八代传人、内功传人冯志强老师的门下，学习太极拳和内功等传统技术。他经历几十年的苦心修炼和潜心研究，集太极拳、内功、八卦掌于一身，得其真传，功深技精，技术全面。他是冯老师很有成就的弟子。

王凤鸣先生不仅仅是一位著名的武术家，还是一位从事武术和内功技术理论研究的作家。他出版的中文、英文、西班牙文著作《道家太极棒尺内功》《道家内功精华—内丹功—外丹功》《太极推手技击传真》《道家内功“循时修炼法”》《太极缠丝功》《太极内丹功》等成了脍炙人口的畅销书，发行于世界各地。他还在一些国内外的武术杂志和体育报刊上发表过几十篇有关内功、太极拳方面的论文。其中，《太极尺棒内功》和《内丹功》论文，曾于1999年和2003年在德国汉堡举办的世界内功大会上荣获“最佳优秀论文奖”。为了掌握中医方面的知识，提高对人体科学的认识，他曾在中医研究院学习了3年。

王凤鸣先生从1982年开始，在北京国际教学中心从事武术、太极拳、气功的教学工作，先后任教练、高级教练、总教练、副总经理、国家级武术裁判和志强武馆副馆长、总教练，为国内外武术界培养了大批的学生，为传播和推广中国的太极拳、气功做出了贡献。他作为中国武术界一位非常有实力有影响的武术名家，曾多次受邀出访日本、韩国、法国、瑞士、荷兰、西班牙、德国、芬兰、瑞典、英国、加拿大、美国等国家进行气功、太极拳方面的教学和学术交流。受到了国内外武术界的尊敬和好评，被赞誉为“内功王”“真正的太极和气功大师”，并被国内外的二十几个武术组织聘请为名誉主席、名誉院长、教授、顾问等。

1994 年，王凤鸣先生到芬兰赫尔辛基大学体育系和其他学校从事太极拳和内功方面的教学工作。为了促进太极拳和内功事业在欧洲的发展，他组织成立了欧洲陈式混元太极拳协会，任主席。

从 1998 年起，他先后在瑞典、荷兰、芬兰、法国、德国、西班牙、英国、瑞士、美国、日本、中国成功地领导组织了每年一次的“国际陈式混元太极拳和内功交流会”，深受太极拳和内功爱好者的欢迎，学员们来自世界上的许多国家。

2007 年，美国一所大学邀请“特殊优秀人才”王凤鸣先生到美国工作后，他组织成立了美国“内功王”国际太极拳学院，任院长。现已开设纽约市分院、新泽西州分院和康州分院。

2007 年 7 月，王凤鸣先生入选《中国太极拳大百科全书》，受到世界太极拳界和文化界的广泛关注。

2013 年，美国国际医药大学聘请王凤鸣先生为教授，同年，他还入选“非物质文化遗产传承人名录”。可登录 www.chenhunyuantaiji.com 与作者联系。

目 录

第一章　总　论

第一节　“拍打功”道家循时修炼法简介

“拍打功”道家循时修炼法是根据每天 12 个时辰的阴阳变化规律，结合人体的 12 条主要经络内气运行路线的变化规律，相配 12 个动静相兼的动作，再结合拍打练功的方法。

因为人体本身是一个“生物钟”，人的生活规律的变化、生理的周期性变化、病理的周期性变化，是与自然界周期性的变化规律相吻合的。经络的开合、内气的运行，又是随时间而变化的。所以，按循时练功的方法修炼内功，功效会更好一些。

“循时练功”的特点是，重点突出了道家理论中人体是一个“生物钟”与“天地同时修炼”为主导思想的练功方法，以取外而补内的练功效果，以此方法来调节人体内阴阳二气的平衡，与自然界阴阳二气变化规律相吻合，则达到天、地、人相合相顺的练功目的。

第二节　循时修炼

据易经之理，一年分四季，十二个月，二十四节气。气候不同，自然界阴阳消长亦在随之而不断变化，其变化必然会影响到人及物。春为长，夏为旺，秋为收，冬为藏。因此修炼者应当参照一年四季十二个月的阴阳变化而有规律地进行练功。

春夏二季练功应以养阳为主；秋冬二季阳气潜藏，练功应以养阴为主。阴得养则阳潜而内藏，保持生命之能力，以待春季来临，生机萌发。故内经云："春夏养阳，秋冬养阴。"其意是春夏是阴消阳长之时，所以春夏练功应选择在六阳之时，秋冬是阳消阴长之时，故秋冬练功应选择在六阴之时，顺自然界天地气候变化而修炼，则达天地人相合。

据易经之理，一日分为十二个时辰，十二个时辰之中，子时为阴极而阳生，阴消阳长，从子时起，丑、寅、卯、辰、巳六时辰为阴气渐消渐衰，而阳气渐生渐盛，所以称为六阴时。午时为阳极而阴生，阳消阴长，从午时起，未、申、酉、戌、亥六时长时阳气渐消渐衰，而阴气渐长渐盛，所以称为六阳时。

循时练功之意是根据一年之内不同的季节变化和一日之内不同时辰的阴阳消长变化规律而修炼。必须循天地自然界变化之理，人相应而协调阴阳，选择适合自己情况的季节时辰来练功。此名为"生气之时"和"同气之时"，以取外而补内，疏通经络，促进气血运行。

练功时间与方位，来源于古典名著《内经》中的"子午流注"学说。它是根据自然界的一切事物有规律的周期性的变化，研究人体生理机能活动、病理反应变化及与自然界周期性同步变化的关系。基本内容有：脏气法、五脏配五行、经络气血流注有时等。

子午流注之意，它具有阴阳、时间、方位变化的含义。如一年分为春、夏、秋、冬四季；一日分为早、中、夕、夜；子、午、卯、酉四时。子时为阴盛之时，阴极则阳生；午时为阳盛之间，阳极则阴生；卯酉为阴阳各半，调节阴阳平衡之时。子午为经，指南北、上下方位，并与南北极磁场相关。卯酉为纬，指东西、左右方位。流注本指自然界水之流动转注，而在气功修炼时，则指人体内气血流动循环变化。

因人体本身是一个生物钟，生理变化和生活规律是与自然界变化规律相吻合的，经络的开合又是随时间而变化，与自然界变化规律相吻合的，所以选择在与脏腑经络相通应的时辰（时间）来练功，功效会更好一些。

例如，午时 11:00—13:00，此时与心气相通是心经气旺之时，调养心脏功能应选择在此时练功。又如，酉时 17:00—19:00，此时与肾气相通，是肾经气旺之时，调养肾脏功能应选择在此时练功等，以此类推。下面是各脏腑气旺的时间表：

胆经气旺于子时	23:00—1:00
肝经气旺于丑时	1:00—3:00
肺经气旺于寅时	3:00—5:00
大肠经气旺于卯时	5:00—7:00
胃经气旺于辰时	7:00—09:00
脾经气旺于巳时	9:00—11:00
心经气旺于午时	11:00—13:00
小肠经气旺于未时	13:00—15:00
膀胱经气旺于申时	15:00—17:00
肾经气旺于酉时	17:00—19:00
心包经气旺于戌时	19:00—21:00
三焦经气旺于亥时	21:00—23:00

子时气血流注于胆

胆者，中正之官，决断出焉。属木，肝之腑也，为中清之府，十一络皆取决于胆。人之勇，怯邪正于此胆，故从胆，有胆量方足担天下之事。胆主仁，故以胆断之，胆附于肝之短叶中，仁者无穷也。属足少阳之脉，少血多气。

丑时气血流注于肝

肝者，将军之官，谋虑出焉。肝木脏，魂所藏，居于膈膜之下，亦有系络，上击下心包，其经叶中有胆附焉。盖肝者干也，以其体状有枝干也。其合筋也，其容爪也，开窍于目，属足厥阴之脉，多血少气。

寅时气血流注于肺

肺者，相传之官，治节出焉。肺为金脏魄所藏，为五脏之长，心之盖生气之原。上接喉窍，下覆诸脏，主呼吸出入，为人身之官。盖肺者沛也，中有二十四孔，分布清浊之气，以行于诸脏，使沛然莫御也，其合皮也，其索毛也，开窍于鼻，属于太阴脉，少血多气。

卯时气血流注于大肠

大肠者，传道之官，五味出焉。属土，脾之腑也，故从田。田乃五谷所出，以为五谷之市也。又胃者卫也，水谷入胃游溢精气，上出于肺，畅达四肢，布护周身，足以卫外而固也。上接喉窍，居于膈膜之下，其左有小肠，属足阳明之脉，多血少气。

辰时气血流注于胃

胃居中焦，五行亦属于土。《灵枢·玉版》曰：胃能容受消化，饮食以生气血。胃者，水谷气血之海也。《素问·玉机真藏论》中说到，五脏者，皆禀气于胃，胃为五脏之本也，胃气以降为顺。

巳时气血流注于脾

脾居膈下，位于中焦，为阴中之至阳，在五行中属土，主至于长夏。脾为后天之本，气血生化之源。脾气主升，脾主运化，有流摄血之功能。脾主肌肉，其华在唇，开窍于口。《灵枢本神》曰：因志而存变，谓之思，思为脾之志，少血多气。

午时气血流注于心

心者，居主之官，神明出焉。心，火脏，故不欲其炎上，盖心者新也，心主血脉，日新，新新不停，则为平人，否则病矣。其合脉也，其荣色也，开窍于舌，其位居于肺之下，心包之上，其有系络上系于肺，凡脾、胃、肝、两肾、膀胱各有一条络，系于包络之旁以通于心，故包络为心之外卫。心为五脏六腑之君主，属于少阴之脉，少血多气。

未时气血流注于小肠

小肠者，受盛之官，化物出焉，属火，为心之腑。居于胃之左，上接于胃，其下即大肠、膀胱。门之粗者出大肠，清者渗入膀胱。盖人纳水谷，脾化气而上升，肠则化而下降。以肠者畅也，所以畅达胃中之气也，畅通则为平人，否则病矣。属于太阳脉，多血少气。

申时气血流注于膀胱

膀胱者，州都之官，浅液藏焉，气化则能出焉。属水，为肾之液。盖膀胱者，膀光也。言气血之元气足，则津液旁达不窍，而肌膝皮毛皆因以光泽也。属于太阳之脉，多血少气。

酉时气血流注于肾

肾者，作强之官，伎巧出焉。肾水脏，藏精与志，为先天之本，精神之舍，性命之根也。盖肾者引也，能引气通于骨髓。又肾者任也，主骨即任因房之事，故强弱系之其合骨也。其荣发也，开窍于二阳。属足少阴之脉，少血多气。

戌时气血流注于胆中（心包络一名手心主）

胆中者，臣使之官司，乐出焉。为水脏之外行，故曰相火。代君王而行事，亦有主名，保以声之以手，盖以平厥阴之脉，出属于心包手三阳之脉，散络心包是手与心主合，所以心包络称心主五脏，加此一脏实六脏也，即手厥阴足络，多血少气。

亥时气血流注于三焦

三焦者，决三宝之官，水道出焉。属火，为心包络之腑。盖焦者热也。三者，上中下三焦之气也，满腔中热气布护始能通水道。上焦不治则水留高源，中焦不治则水留中腔，下焦不治则水乱二便，三焦气治则脉络通，而水道利。故曰，决三宝之官。属于少阳脉也，少血多气。

但是修炼气功不必拘泥于此。对于练功时辰的选择，古人又多强调在子午卯酉四时来修炼，称之为四正时。并把此四时比喻为朝晨为春、日中为夏、日入为秋、夜半为冬。

子时属阴，阴气正盛，为阴极阳生之时。一阳生五阴降，一阳生于五阴之下，自然界阳气来复，天地人相应，可助人身元阳之气发生，可助肾水上升，精化为气。故道家气功重视子时练功，子当生火、起火、进火炼丹。子时练功主静，此时修炼应以静功为主，以动功为辅。**练功方位：面朝北。**

午时属阳，阳气正盛，为阳极阴生之时。一阴生五阳降，此时人身之气正走于心经，心为阳中之阳，两阳相合，阳气必然亢盛。但此时一阴生阳气渐渐呈下降趋势，因阴阳互为其根，所以此时练功必助元阴之气生长，而收敛亢阳，便诸阳之气随一阴潜降而不至于刚燥。此时修炼应以动功为主，以静功为辅。**练功方位：面朝南。**

卯时日出阳进之时，为四阳二阴，阳进阴消，人身阳气长势已成。此时练功正助阳气茁壮成长。卯时在人身经气正走于胃，胃属土，土生万物，胃乃后天之本。道家气功强调炼后天补先天，故重视在卯时修炼。**练功方位：面朝东。**

酉时日落夕阳之时，为四阴二阳，自然界气候由清转混。此时练功有助元阴之气充盛，利于阳气藏养。酉时在人身经气正走于肾，肾属水而藏精，精乃先天之本。肾精外泄成人，闭固修炼则精化成气，阳藏阴中为真阳。故道家气功修炼重视炼精、固精、养精，所以重视强调在酉时练功。**练功方位：面朝西。**

子、午、卯、酉四时的阴阳变化是自然界阴阳消长的转移点。天地人相应，人以天地之气而生，所以气功修炼应顺应自然界变化，可促进人体阴阳相互平衡，相互协调。依子午练功是修炼心肾，使心肾相交，上下相固，达到水火相济，是修炼小周天功，古时称之为“子午周天”；依卯酉练功是修炼大周天功，古时称之为“卯酉周天”。

第二章　道家内功理论基础

第一节　如何调心

一、运用意念

气功主要是心理活动的训练，用意识影响身体，用心理影响生理，用外环境影响内环境，用外环境补充内环境等，因此要注意意念活动的训练。

意念有主动意念与被动意念之分，初学者是从主动意念开始练习气功的。什么是主动意念呢？主动意念是练功时运用意念主动去找意守窍位或意守点，练功时要求意到气到，意在先、气在意念之后，称为守窍。被动意念是经过一个时期练功有气感后，意念没有时也会感到气在某部位动或气在运行。循经走脉，气到后才感觉到有意识，此为气在先意念在后。练习时意守内气运行，循环于经络时称之为守脉，守脉的守窍为深入一步的练功方法。练功至此阶段，如在日常生活中有时在不练功的情况下，也会感觉到气在身体某部位或运行，这就是气在先意识在后的表现。要想收到练功入静的练功效果，首先要正确掌握意守方法，选择适合自己练功的意守目标。意守方法分为：

（一）意守外景

练功时选择一外景物为意守目标。例如，花草树木、山河湖海等。选择目标的原则是：内容简单，自己熟悉，对自己有吸引力，能使自己心情愉快宜入静。但又不能选择引起高度兴奋、刺激性强扰乱性大的事物作为意守对象，意守外景时要用眼睛看、用耳听、用意想某物。用感知器官感知该实物并守知，但守之物不能太具体，意守之物要笼统抽象“若有若无”的样子，在轻松自如的意念里有“一守”的念头即可。这是初学者意守的方法，能引导练功前较快地进入练功时的入静。

（二）意守窍位

1. 下丹田

主练精，主管生殖泌尿系统。

位置：在会阴深处（会阴位置在肛门与前阴之间）。男子相当于前列腺处，女子在子宫口处。下丹田是一个空窍，练习气功时意守下丹田主练精，是炼精化气之处。意守下丹田应先从守会阴开始，由会阴向上吸至下丹田。练习意守下丹田，不仅可以有炼精的作用，对于精气亏损、气血亏虚之类病症也具有很好的疗效，还可以起到将任督两脉接通的作用，使内气在周身运行，循环于大小周天。（图 2–1）

图 2–1

2. 中丹田

主练气，主管脏腑循环运化系统。

位置：在肚脐内深处，是一个空窍。（图 2–2）

练习气功时意守中丹田主练气，是炼气化神之处。古人称中丹田为“中央无极土、万物由此而生”。

我们认为中丹田是炼气修丹的一个区域，是汇集、储存和运转内气升降出入的基地，所以不要片面地理解为中丹田是某个穴位，或是一个点、面。

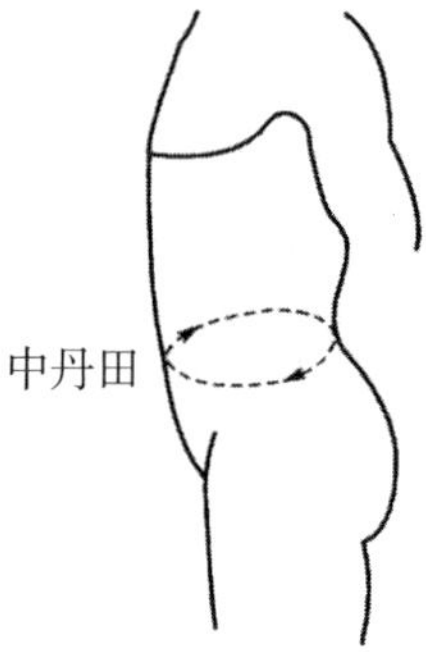

图 2–2

3. 上丹田

主练神，主管脑神经意识控制系统。

位置：在两眼正中祖窍深处。（图 2–3）

练习气功时意守上丹田主练神，是炼神还虚之处。

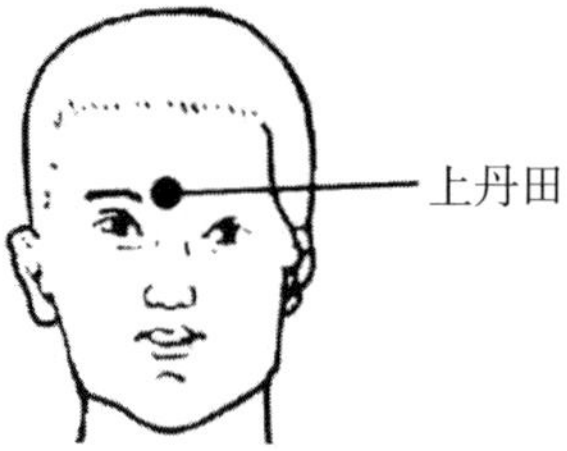

图 2–3

4. 命门

是练习气功的重要窍位。

位置：肚脐与腰部相对，即两肾中间。在命门两则有左右两肾，两肾与命门之间又有阴阳两窍，是调整命门与两肾二者之间平衡的。命门属火，肾属水，二者相克，两居其中调和，以达水火相济。古人云："丹田为生门，命门为死户。""出肾入肾是真诀。"又云："三寸气在千般用，三寸气断万事休。"三寸气即指命门，可见命门之重要。意守命门对强壮肾气帮助很大，命门气足即可生精，精液充足炼化成气血还原于身，还精补脑即可长寿。意守命门就在于精气转化，又可行通督脉。（图 2–4）

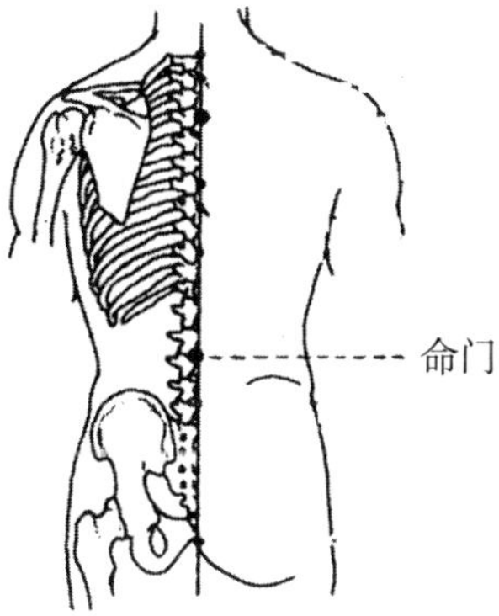

图 2–4

5. 会阴

是练习气功的重要窍位。

位置：在肛门与前阴之间，下丹田在会阴深处，男子相当于前列腺处，女子下丹田在子宫口。意守下丹田就是从意守会阴开始。会阴穴又是任督两脉的起始点连接处。练习意守会阴不仅可以生精炼精，还有将任督两脉接通的作用，使内在之气运转周身，生理上有显著的变化，能达到内气循环运行于大小周天。（图 2–5）

意守命门、会阴两窍能多生精液，提炼气血精华和调整经血，以补充其亏损。意守此两窍还与精液、经血分泌、输送器官关联，可加强相关器官运动，调整其机能结合意守中丹田所起的各种作用，即可增

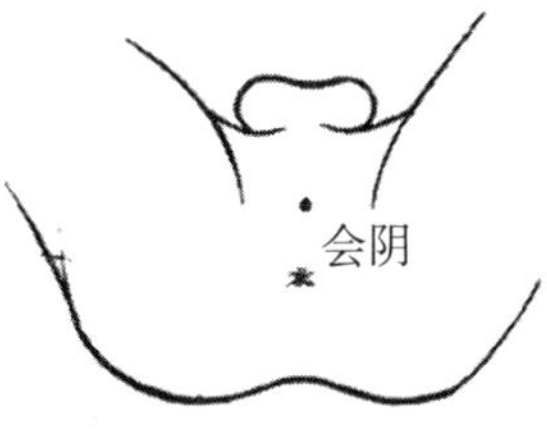

图 2–5

强精液分泌和调整经血的能力。精血气充沛之后，五脏六腑以及经脉皆可畅通。

6. 劳宫

是练习气功的重要窍位。

位置：在手掌中心处。手是手三阳经和手三阴经起始点连接处。练习太极棒尺内功，意守劳宫时通过按摩刺激手部的经络穴位，故能促气达于梢，疏通经络，使手部六经之气畅顺循经走脉。古人认为，“在上气根在手”，要求“呼吸在手”。练习气功意守劳宫窍位时，能促进气达于梢节。（图 2–6）

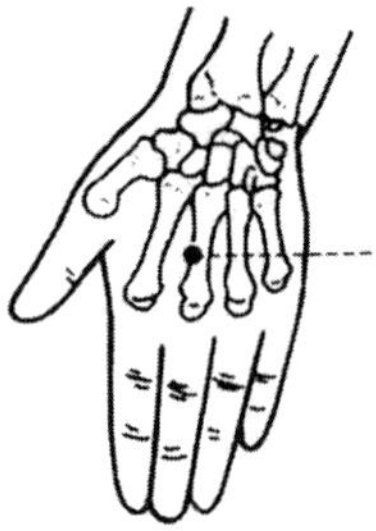

图 2–6

7. 涌泉

是练习气功的重要窍位。

位置：足心前三分之一凹陷处。足是足三阳经与足三阴经起始点连接处。练习气功意守涌泉窍位时，能起到连通足三阳经与足三阴经的作用，使六经之气畅顺循经走脉。涌泉穴又是肾经之源，肾气乃先天之本。古人认为，“在下气根在足”，要求“呼吸在足”。练习气功意守涌泉时，还能达到采集地气并与之相接的练功功效。（图 2–7）

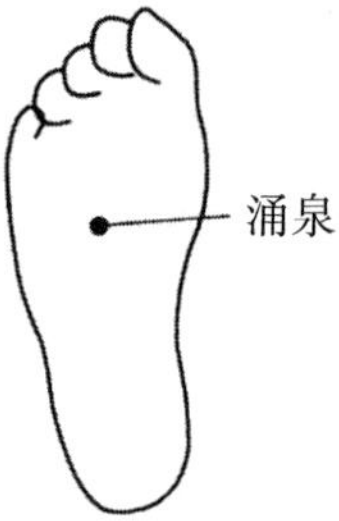

图 2–7

8. 囟门

是练习中气功阶段后天转先天功时的重要窍位。

位置：在头顶中部中心处。练习气功意守囟门，待修炼到中气真正通了，便会感到头顶囟门处开启，如同儿童的“天灵”（即囟门）一样，随先天呼吸和内气的运行而一开一合地上下启动。气由下而上行为吸。囟门处如同洞穴一样，随囟门开启时，内气如同流水般涌入囟门后，随呼气直入中丹田、下丹田后囟门封闭，内气走中腔。囟门开始启动是练习气功至后天转先天的重要转折点和标志。常言“练功能返老还童”，即为此意。（图 2–8）

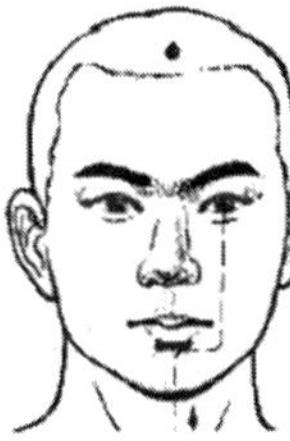

图 2–8

在练习气功时无论守哪一窍，其呼吸活动（指窍的呼吸）都要牵连丹田活动，它们相依相连不能分开，都要以丹田为中心，无论练哪一种功法都离不开它。所以说意守丹田是气功中的筑基法，最为重要。

道家气功注重意守人体，意守某一部位称为守窍，意守经脉循行路线称为守脉，还有意守呼吸、意守整个人身。初练功者多从守窍开始，而守脉是守窍的继续。守窍适用于内视意守和真意意守，一般应从采气生精、炼精化气、意守下窍开始，如中丹田、命门、会阴，意守下窍生精化气，强身健体功效明显。后天转先天功法从守上窍开始，如百会、囟门、祖窍。

守上窍有益智聪神开发大脑潜在功能的作用。对于初学者来讲，若练至真气充沛周天行通时，这时窍点都在循行之中，而且不同的练功阶段，守窍也应相应转换。因为意守窍位不同，所产生的不同的练功功效也各不相同。为治病健身而练习者，应根据自己的病情和身体状况选择相应的经络和窍位；求功夫上进者，则应根据自己练功具体情况，目前达到了什么水平了，什么阶段了，而有步骤有计划地选择意守窍位和意守方法。值得注意的是，我们要理解认识到练习气功的窍位与中医针灸时的穴位有所区别，不同之处在于：所谓窍位不是点也不是面而是圆形的体，因此守窍时意念不能守体表皮囊，而是意守体腔内，搞好此类意守的关键是“似守非守，若有若无”。

修炼气功的意守方法有三种：内观意守、真意意守和神光意守。

1. 内视意守

即用意念想着意守处，用眼“内视”意守处，这样潜意识里便会放弃了眼、耳、鼻、舌、心对外界的感知作用，而是用意念去想、听、视意守处的各种变化反应。

2. 真意意守

指修炼气功到高级阶段时，真念统帅了杂念之后，即可将真念注入所守事物中，意守之念与所有守之物混为一体，了无区别，意识达到高度集中，由此进入“物我两忘”的清静虚无的境界。

3. 神光意守

指修炼气功至“觉明”阶段，当出现“神光”时，将神光随意念内收寄之于上丹田，修练中丹田时将神光寄之于中丹田，修练下丹田时将神光寄之于下丹田等。

此种意守方法，不必分辨意念行走路线。因为意念活动没有明确的路线，当你意想某一物时，即使是距离遥远，当意念与所想之物相吻合时，绝说不出意念经过什么路线达到所守之物。此种运动虽然也有“目”光，但光是随意念而动的，其所动之气是混元气。

二、意守原则

意守的方法尽管很多，但意守的原则是相同的，即似守非守、若有若无、一聚一散、神守如一。

似守非守、若有若无有两层意义，其一，意守某一事物，不是死死守着该物不放，而是自自在在轻轻松松的，在意识里有“一守”的念头即可。这是指初练气功者而言。另外，意守是真念驱使杂念守于某处，当游移之念守于某处而不动时，则与真念合为一体，此时真念发命令之驱使职能也就失去了作用。也就是说，要意守的念头即化为乌有，而呈现似守非守。其二，所守之物虽然是实物，但练功意守时，不是用感觉器官去感知该实物，而是以意识去感知并意守。此守之物不能太具体、太实在，故称“若有”。然而意守之物虽然笼统抽象，但毕竟是实物的标志，而非空无一物，故称“若无”。以上所谈两项原则看似简单，实际上做起来并不容易，要达到上述要求，练习气功时要恰如其分并运用得当地掌握“似守非守，若有若无”的原则。

一聚一散指的是意守初级阶段的方法，用意念引导气达到所意守之处。此时称为“聚”，能否聚得来，关键在意念是否振奋，当出现杂念时能否顺利地排除杂念；再则内气能否配合意念达到所意守之处，也是很重要的因素，因为它直接影响着意念的质量。例如，意守丹田时，气达于丹田，此时称为

“聚”；随呼吸动作气由丹田出发而循经走脉时，意念必然随之，此时称为“散”。

神守如一指的是修炼气功到了高级阶段即真念意守阶段。真念统帅了杂念后，即可将真念注入所守事物中，能守之念与所守之物混为一体，了无区别，意识达到了高度集中。由此进入“物我两忘”的清静虚无的境界也就不难了。

第二节　如何调息

调息是练习气功三大要素之一，不仅能起到对呼吸系统的调整，还直接影响到对机体内部气血的运行，并有助于精神意念放松和入静，使之修炼有素。练习气功时对呼吸各个阶段的转化过程，是根据内功增长情况自然进行转化的，如自然呼吸转化为腹式深呼吸、后天呼吸转化为先天呼吸等。练习气功如还没有达到某阶段“火候”时，绝对不要人为地硬性转化，或勉强将呼吸拉深长或缩短，这样不仅不利于对呼吸的调整，也达不到应有的练功效果。这种揠苗助长式的练功方法时间长了，反而会引起一些不良反应，如憋气、胸闷或头昏等副作用，都是值得注意的问题。

以下介绍几种练习气功时的呼吸方法。

一、自然呼吸法

指日常生活中不学自会的自然呼吸方法，如同在生活中根本不注意自己的呼吸一样。练习气功时容易掌握，少出弊病，练习时只要把自然呼吸调整到平衡、柔和自如的状态就行了。

初学者采用此种呼吸方法，便能收到一定的练功功效。自然呼吸掌握好了以后，再进一步练习其他呼吸方法。

二、腹式呼吸法

1. 顺式呼吸法

练习气功吸气时腹部逐渐降起、呼气时腹部逐渐收进的方法，称之为顺式呼吸法。

2. 逆式呼吸法

练习气功吸气时胸部扩张、腹部逐渐收进，呼气时胸部回缩、腹部逐渐降起，称之为逆式呼吸法。要求达到自己息气相依、均匀、深长、柔和、气沉丹田。

三、形息法

是指练习气功动作时与呼吸相配合的方法。练习时的呼吸要与动作的开合、起落、伸缩、内外、曲直、步法相协调一致，达到形、息、气相合为一。形动、息随、气至、动作与呼吸相配合的规律是：

吸—开、阳、升、起、外、上、动、伸、大、进。

呼—合、阴、降、落、内、下、静、缩、小、退。

形息呼吸法基本要求形、息、气相合，呼吸随动作变化来调节呼吸，这是一般情况下的形息运动规律。但是在练习气功时，由于某些特定动作要求不同或是意守部位不同，有时则不按常规的形息法，还要根据其不同的功法动作要领所需，以它特定的形息方法来练功。

以上所述之自然呼吸法、腹式呼吸法、形息法均属于后天呼吸的方法，吸气时由内而外走阳经，气离丹田，呼气时由外走阴经，气归丹田。

四、胎息法（丹田呼吸法）

胎息法是形容胎儿在母体内通过脐带进行呼吸，而不是靠自己的鼻、口、肺来进行呼吸。所以练习气功时称“胎息法”为“先天呼吸法”。练习气功达到此阶段后，呼吸已不受鼻、口、肺呼吸所控制，而是会感到丹田内气一呼一吸地前后拉动而产生自发的“内气鼓荡”来调节内呼吸，所以它又称之为“丹田呼吸法”。练习气功至此阶段，是后天转化为先天阶段的一个重要的转折点和里程碑。

五、龟息法（冬眠呼吸法）

龟息法是更深层次的先天呼吸法，是胎息法的深入。练功达到此阶段时，呼吸已步入“呼吸微微，似有似无”，类似某类动物处于“冬眠呼吸”状态。它标志着能自我调节控制呼吸心率。

经科学仪器测试研究表明，在练功入静过程中，大脑皮质逐步抑制，机体内耗氧量显著降低，基础代谢下降，人体总消耗指标显著下降，脉搏微弱似停，心肺活动降至最低点。因此修炼气功进入高深阶段时，如调理得当，是可以达到“冬眠呼吸”状态的。

以上表明，练习气功时通过调整呼吸，可使修炼者容易进入练功入静状态，促进气血运行循经走脉，增强气机加快运转，促进人体内部机能活动，改善加强气血循环系统。

第三节　如何调身

调身作为练习气功的外在表现形态，是在一定的要领与准则下指导人体运动，它给人最直接的感觉就是“形”。“形”也是认识气功的第一步。气功的形包括三个方面：一是肢体动作，这是气功最基本的形态。为达到各自练功效果的目的而产生各种各样身体运动姿势，这些姿势有直接导引内气的，也有表达一定意象、体现一定思想规范的，对于身心有各种辅助作用。二是内脏运动，即通过外在的肢体运动而带动身体内的各个器官产生运动，从而锻炼脏腑功能。脏腑的运动则包括脏腑自身的运动和脏腑之间相互联系的改善。三是呼吸运动，即练习气功动作时配合各种呼吸方法，是练习气功的一个重要方面。动作意念、呼吸有机密切配合，是练好气功的必要条件。

所以调整身体各部位姿势，使之符合练习气功动作时的要求，对学好气功动作、提高锻炼效果最有关系，也是练习气功的基本功。因为正确姿势能促进气血的运行，错误的姿势则会阻滞气血畅通，所以形不正则气不顺，气不顺则意不守，形是气之宅，意之所依，因此历代养生家对于调身都是很重视的。尤其对初学者来说，应该先重形而后重意，首先要求姿势正确，由“形似”再向“神似”方向下功夫。初学者要注意规矩，“没有规矩，不成方圆”就是这个道理，看似简单实际上基础得以巩固。因此初学者首先要注重调身的练习，有重点地专心纠正克服一些不正确的姿势，有利于逐步提高。

练习气功对身体各部位的基本要求。

1. 头

头部为经脉之总会，五脏六腑之气血皆汇聚于此。大脑是生命的最高中枢，上丹田在脑中称为“元神之府”，各种生理信息都要集中在这里进行加工处理，全身各部的生理功能皆受大脑的调节。因此练习气功时头部姿势的正确与否，不仅是立身中正的关键，又是诱导气血上升以养脑荣神，使神主宰全身生命活动的机能加强的重要方法。对于调整身形来讲，头部姿势起着提纲挈领的作用。

头要“虚领顶劲”，即要求百会穴轻轻上提之意。假想头上似轻顶一物不让其掉下来一样，说明练功时头要保持正直，不可低头仰面、左右斜歪。

2. 眼

由于练功时动作不同，对眼睛的要求也各不相同。例如，做采气功时先延展及远，随动作采气后眼神由远而内收至内视丹田。又如，站桩时眼要含光默默，自始至终内视丹田或其他意守部位。

3. 面

面是身体健康状况信息图，每个人的身体健康状况变化可以在面部观察了解一二，全身脏腑器官在面部都有对应点，如眼通肝、鼻通肺、舌通心、耳通肾、口通脾等，经络气血均上于面而行。所以练功时为了使气血得以畅通、循环、调节，面部肌肉要放松，面部表情要放松自然。

4. 口

口要轻闭，齿轻合，舌抵上腭，督脉起于会阴，止于上唇的龈交，任督起于会阴，止于下唇的承浆，所以舌抵下腭，能起到帮助任督两脉贯通的作用，气功术语称为“搭鹊桥”。任脉属阴，督脉属阳，并有协调阴阳之功能，同时还能分泌增生津液，待津液较多时，咽入胃脏有利于消化。津液还有生精化气的作用。

5. 耳

耳是血管神经密集区，全身功能状态的信息通过各种渠道汇集于耳，所以耳部有治疗全身疾病的反应点。耳又是外界信息的集散地，因此练功时要耳不外闻而内听。内听气在丹田及意守部位的变化反应，对练功入静意守能起到良好的作用。

6. 项

项是头与身躯联系的枢纽，是神经血管经络气血的上下通路。项部姿势掌握得正确与否，直接影响到经络气血的运行，进而影响全身的机能活动。因此练功时头要端正竖起，而且要松竖，不要强硬，如果项部出现紧张强硬的现象，会对神经产生刺激，影响到中枢神经正常运行。

7. 肩

练习气功在松肩的前提下达到沉肩坠肘，是身体放松的重要方法。沉肩坠肘能帮助“含胸拔背”的自然形成，并有利于气沉丹田。肩部的放松和旋转，有利于手三阳经气血顺利运行到肘手。但是沉肩坠肘的同时要注意两腋虚空，不要把胳膊紧贴在肋部，要“肘不贴肋”，肩要与腰相合形成垂直线，这样符合立身中正的要求。两肩松沉并有微向前合之意，有利于气贴脊背。做动作时两肩要保持平衡，要防止运动与旋转时形成两肩一高一低现象的发生。

8. 肘

肘要自然微曲松坠，要保持胳膊有一定的自然弯度，做动作时勿使胳膊伸得过直，从而形成手臂的放松、开合、升降、收放、螺旋缠绕等变化。

9. 手

手心劳宫是练习气功的重要窍位之一，它能起到发放和采纳气的练功效果。古人认为，“气之根在手”，要求“呼吸在手”。从经络学来讲，手是三阳经和三阴经起点连接处，全身气血汇集于手。手部有许多穴位，经常锻炼手，能促进气达于梢节、疏通经络之功效。

10. 胸

胸要含。含胸要有宽舒的感觉，它在两肩放松微向前合，可使胸腔上下放长横膈有下降舒展的机会，很自然地形成横膈式深呼吸，是在不增加呼吸频率的情况下达到呼吸深度的。含胸可使重心下降和横膈活动得到加强，心肺居于胸可减少对心肺的压力，有利于心肺功能的发挥。横膈的张缩变化，可使肝脏和腹腔受到时紧时松的腹压运动，对促进肝脏功能活动和血液流通很有帮助。

胸部为阴经交会之所，胸含可使五脏阴经气血交换顺畅，从而保证了五脏功能的正常发挥。

此外，练功时胸部的开合、折叠、运化，对于上肢活动亦有很大帮助作用，可促进气运达肩、肘、手。

11. 腹

练功时腹部的开合收放，使腹腔内压加强，形成了内脏之间互相摩擦按摩作用，可促进胃、大小肠、膀胱、肾脏新陈代谢功能及这些器官的经络得以疏通，气血得以运行。古人称腹为“气海”丹田所在地。练功时腹部的深呼吸，有利于气沉丹田的作用，功深后还会达到腹内气在丹田鼓荡运转，有助于润滑胃及大小肠，同时又增强腹壁肌的韧性。练功时有时会产生“腹鸣”的现象，是胃肠蠕动与腹内之气相摩擦的表现，这对增强消化系统功能多吸收营养，提高排泄能力调节生理，使消化系统达到最佳工作状态具有良好的功效。

12. 臀

练功时要求臀部内收，不要向后凸臀，其主要作用是帮助松胯、松腰、提肛和提会阴相配合，能促使气沉丹田。

收臀还利于身体保持立身中正，做好平衡，同时又可使身体重心下降，因为收臀可使整个脊柱下端的腰部放松和尾闾内收。

13. 脊背

脊背与胸相关联，当胸向内含时能起到含胸拔背的作用，而两肩中间脊椎骨似有上提之意，这样背部肌肉就形成了一种弹簧力的感觉。

脊背是督脉气上行必经之地，含胸拔背可导引促使气沿督脉上行，有开通闭塞顺利通过三关的作用。腧穴在背部是人身气血的总会，脏腑经气都由腧穴而相互贯通。练习气功应重视脊背的锻炼，可起到调整阴阳、调和气血的作用。

14. 腰

练功对腰部的要求是松沉灵活，腰部的松活沉是为了提升上体之气降达丹田的练功功效，腰和胯的松沉有助于动作变化的灵活，使身体重心稳定。肾位于腰中，是炼精化气之所。练功时就是通过腰部的旋转变化产生离心力而推动内气贯注于四肢梢节。

腰为肾之府，肾为先天之本，藏精之舍，性命之要，生气之源。命门在两肾之间，为气出入之门，两肾属水，命门属火。练功时意守命门两肾，水火相济，精气自壮，调整经血以补亏损，炼精化气还原于身即可延年益寿。经常做腰腿螺旋缠丝动作，可以帮助松活腰胯关节，内气贯穿达于足，使关节锻炼得以滑润，旋转自如，使关节与关节之间能够充分地承担重量，从而增强耐力。在练功中应注意，为了保持立身中正、不偏不倚，保持平衡，膝关节不宜超出脚尖（特殊动作除外）。

15. 足

足底涌泉穴是练习气功的重要窍位之一，它能起到排除浊气、采集并与地气相接的作用。古人认为“气之根在脚”，要求“呼吸在足”。足底涌泉穴又是肾经之源，肾气乃先天之本，由此可见足之重要。

从经络学来讲，脚是足三阴经和足三阳经起始点连接处，全身气血汇集于足，脚底又是全身各部位的反射区。练习道家气功能起到刺激脚底的经络穴位和反射区的作用，使六经之气畅顺循经走脉，从而达到练功祛病健身的目的。

足为步型、步法、身法的根基。根基不稳而稍有偏差，步法、身法必乱，必将影响到立身中正，进而影响呼吸的顺遂。练功时要求足部动作须正确、灵活、稳当，使步型、步法有规律地变化，与整体动作相配合，以支持和调节全身重心的平衡稳定。

综上所述，调身是调整形与气的关系，犹如一杯水，形是方法而气是内容。对气功的认识与锻炼如果仅仅停留在外形上，则是没有抓住实质，只是初级阶段效应。只有深入了“气”的层次，才完成了由外及内的过程。修炼气功到了高级阶段时的“内形”运动，才是真正掌握了气功的运动规律。

第四节 精气神与丹田

道家认为，天有三宝日、月、星，地有三宝水、火、土，人有三宝精、气、神。人身三宝，损则多病，耗尽则亡；精足则气足，气足则神不衰。炼精化气，炼气化神。凝神炼气，炼气生精，精气神相互转化、相互依存，实为一体。“寿命的长短，全靠精气神之盈亏”。因此修炼气功根据身体结构，在姿势安排和修炼方法上都十分重视对精气神的修炼。所以长期坚持练习气功，不仅能防病健身，还能使人体内精足、气满、神旺。

那么什么是精气神呢？中医理论认为，精气神是生命现象的产生及其变化的根本。

一、精

精是构成人体的基本物质，也是人体各种机能活动的物质基础。对精的认识可以分为两类，一是从来源上分为先天之精；二是脏腑功能转化而成的精为后天之精。中医理论认为，先天之精来源于父母，藏于肾，所以肾有“先天之本，生命之根”之论。后天之精来源于脾胃，是依靠饮食水谷所生化而成，即饮食经人体消化吸收后变成精微的营养物质，将这后天之精输送于各个脏腑，成为各个脏腑活动的物质基础。先天之精也需要后天之精不断地补充其营养，使之成为人体生命活动的物质基础。

练习气功意守下丹田功法，主要是练精。这里所说的精有三种含意：一是指精液；二是指气功修炼的气血之精华；三是指妇女的经血。人们气血亏损的原因，男人主要是由于性生活过度或者有遗精现象，身体各部器官机能受到损害而成病。妇女则多数是由于经血不调，使气血亏损而成疾。再则由于年老气衰所致。

古人云：“丹田为生门，命门为死户。”“三寸气在千般用，三寸气断万事休。”三寸气即指命门，可见命门之重要。意守下丹田，意守命门，对强壮肾气帮助极大，命门气足即可生精。一般练习气功者都会体验到，练习气功能多生精液，性欲亢进，本气功加上守命门（妇女守关元气海）与守会阴两种练功法，就能更加多生精液，提炼气血精华和调整经血，以补充其亏损，并通过炼精化气等辅助方法，使精液上升练化为气血，还原受益于身则益处更大。因为命门、会阴两守窍与精液、经血分泌输送器官相关联，练这两个守窍，可加强相关器官运动，调整其机能，结合意守丹田法所起的各种作用，即可增强精液分泌和调整经血之能力。精血充沛之后，五脏六腑以及百脉皆可通畅，身体便会恢复健康。

练习有了功夫，可使元气充足，气足生精，精足而有阳举的现象。再炼精化气、炼气化神、炼神还虚，身体自会健康而延年益寿。

三丹田是根据道家内丹术中精、气、神谁为主道而划分的。丹田是指培养精、气、神的地方，是精、气、神凝聚伏结之处，道家把培育调练精、气、神相关的重要窍位称之为“丹田”。

练习气功时意守下丹田主练精，有生精、养精、炼精化气之功效。对于精气亏损、气血亏虚之类病症具有很好的疗效，使生理上有显著的变化，还可以起到将任督两脉接通的作用，使内气在周身运行循环于大小周天。

二、气

气是一种极精微的物质，是构成世界万物的本源，是宇宙万物生生化化的根本。生物的化生、生长、繁殖、死亡，都是由于气在起着决定性的作用。中国古代著名学者王充说：“天地合气，万物自在。”说的就是气生万物的道理，“人在气中，气在人中，有气才有人”。

人体是由多种物质组成的，可见的有皮肤、骨、血、毛发等，还有一种看不见的重要物质，这就是气。它通达于全身，布散食物的精微，温煦皮肤，充实形体，润泽毛发，它是构成人体生命本原的精微物质。这种物质越多，人的生命力就越旺盛，这种物质的不断消耗，会使人逐步走向衰亡。因此练习气功是在不断地补充和加强这种物质来抵抗衰老，以期延年益寿。气还是一种生命源动力，人体每时每刻都在进行工作，不断地进行着新陈代谢、消耗与积累，犹如一架不停运转的机器，“机器”的运转是需要能源与动力的，而气就是维持生命运动的能源与动力的总称。

人体中的气主要成分有三类：

（1）先天气，亦称元气。所谓先天气是人从胎胞出生时由母体带入体内之气，也就是气血之气。因为胎儿在母腹内通过脐带把母体内的营养输送进来才能发育成长，先天之气也就包含其中。待婴儿降生后，剪断脐带，先天气归于脐内，分布全身，集中在中丹田，故称脐为命之蒂、生命的根源。练气功就是要练由中丹田归入体内的先天之气。

（2）后天的水谷饮食通过从脾胃消化吸收转化的精微之气，又称谷气。

（3）通过口、鼻、肺采纳吸入的空气又称清气。

这三种气混合在一起共同发挥充养全身的作用。

由于气的来源和生成成分不同，所以反映在人体内的功能作用不同，气分布的部位也各不相同，所以气也有各种不同的名称。中医理论认为，气在阳即为阳气，气在阴即为阴气，气在胃为胃气，气在脾为脾气，气在脉中为营气，气在表为术气，气在中焦为中气，气在上焦为宗气，气在下焦为元气等。

内气运行分四层：

（1）气行体表。初级练习气功时，气行体表有酸、麻、胀、痒、凉、热、刺、痛的感觉，气功术语称之为“八触”。

（2）循经走脉。练习气功达到循经走脉时，能够疏通经络，促进经脉内气运行，经络交会反复循环，联络脏腑肢节，贯通上下内外，无处不至，运行周身。

(3) 气贯中腔。修炼气功达至后天转入先天功后，中气运行时已不受经络穴位的约束，内气如同流水贯入洞穴一样，身躯、胳膊、腿亦是如此。

(4) 气至混元。修炼气功到混元气阶段时，要上封天门，下闭地户。在外气不入内气不出的情况下，以意念及动作导引，如同水在瓶子里运动时那样。

气是人体生命活动的一种“动力”。练习气功意守中丹田的过程也就是调动人体内部各种气的积极性的过程，运用可以随时得到调节、补充的后天之气去滋养、扶植先天之气，使之气血调和，阴阳互济。气功修炼的过程是自我主动调整的过程，它对身体起着“自我修复、自我调整和自我控制”的作用，因此它能起到祛病强身、延缓衰老、延年益寿等作用。

所以古代修炼家称中丹田为“中央无极土，万物由此生”。把中丹田形象地比喻为一块能种植、开花、结果的田地。

三、神

神者主宰一身，即为心神之神，是指大脑功能。包括人的精神、意念、思维、意识与心理状态是神内在表现的特征，神的外在表现特征，如表情、目光、面色、气质、意识、体态等。当人体内精、气、血充盈，五脏六腑调合时，精力就旺盛，精神就饱满，故精能化气，气能化神，神能生气，气能生精，精神变物质，物质变精神，互相转化，互促互长。

炼精化气，炼气化神，摄神炼气，气液生精，互相依赖，互相转化，互相充实，精为基础，气为动力，神为主宰。

因为精气是神的物质基础，所以当身体内精气血充盈时，生命活动强盛，神气也就自然旺盛。当人精神状态饱满时，人的面部表情、面色呈现红润光泽、神采奕奕、思维反应敏捷、行动灵活等。反之，精气不足、血脉空虚、脏腑功能低下不调时，人的面部及表情则表现出面色灰暗无光泽、目无神光、精神萎靡不振、无精打采、思维反应迟钝、行动迟缓等。

《内经》云：气为精之行，精为神之宅，神为气与精之用，各出于五脏，而五脏之中各有所主。气之主主于命门，精之主主于肾，神之主主于心，精固则气盈，气盛则神旺，神旺则形全，形全则长生。由此可见，精、气、神互助互立，互依互存，精足则气足，气足则神不衰，神以气立，气以神存，精气神实为一体。

练习气功最重要的是大脑的意念控制先导作用。所以练功时重点强调用三性归一的方法来练功。三性归一，即意想、内视、内听，就是强调神在练功中起着主导控制作用。

练习气功时意守上丹田，有养神、炼神、炼神还虚、虚至神灵之功效。

第五节　精气神对人体健康的重要作用

人体生命主要是依靠脏腑机能活动，而脏腑机能活动又是以精、气、血、津、液为物质基础。在人体生理活动的过程中，这些物质由于脏腑的活动而不断地被消耗，又不断地得到补充和滋生。人的精神、意识、思维、知觉、运动等是脏腑机能活动的总称，叫作“神”，概括地说，精、气、血、津、液是脏腑机能活动的物质基础，“神”是脏腑机能活动的表现。

（一）精

精是构成人体和维持生命活动的基本物质。构成人体之精叫作生殖之精；维持生命之精，叫作水谷之精。生殖之精是指繁衍人类、具有生殖能力的物质，也是人体生命的原始物质，当男女两性之精相结合后，在母体中孕育构成身形，所以又叫作“先天之精”。水谷之精是指饮食中的营养物质，是经过脾胃消化、吸收的作用而获得的，所以又叫作“后天之精”。

人体生命的维持，必须依靠后天之精来滋养，平时五脏六腑的精气充盈，则归藏于肾，当生殖机能发育成熟时，它又能化生为生殖之精。在人体整个生命过程中，精不断地消耗，也不断得到“水谷之精”的滋生和补充。

精是富有生命力的，它不但具有生殖和生长发育的能力，并能抵抗不良因素的刺激而免于疾病。因此，精的盛衰是人体生老病死的最基本的内在依据。

1. 血

血本源于先天之精，但其再生则是来源于食物中的精华，也就是“营气”。营气是化生血液的物质，血是营气的依附所在。血液的来源旺盛，则身体强健，若来源不足或损耗过多，则百脉空虚而身体虚弱。如肌肤得不到足够的血液，就会麻木不仁，四肢得不到足够的血液，就会手足不温，甚至痿废不用。总之，内在的组织器官和外在的皮毛筋骨，都必须在血液运行不息的状态下，才能得到充分的营养，以维持其生理功能。

2. 津液

津液是人体体液之一，因其液质和分布部位以及具体功能的不同，有“津”与“液”之分。津，质稀而清，随着三焦的气化，渗透浸润于肌肤腠理之间，以温养肌肉，充润皮肤；液，质稠而浊，也是由三焦布散，而流行浸润到关节、脑髓、空窍以滑润关节，补益胸髓，润泽耳、目、口、鼻等空窍。概括地说，津液本属一体，都是由饮食物化生，分布在表的叫津，分布在里的叫液。津与液在环流周身的过程中，是互相影响、互相转化的，故在临床上常常津液并称，不予严格区分。

津液的生成、布散、环流和排泄，皆与三焦的气化功能有关，也就是与肺、脾、肾三脏有着不可分割的联系。例如汗、尿的排泄，就是津液环流代谢的表现。假使腠理闭塞，汗孔不畅，是属上焦不宜，责之于肺；膀胱不利，小便隆闭，是属下焦不通，责之于肾；若胃脘不和，水饮停蓄，是属中焦失运，责之于脾。

由此可见，津液的代谢，是维持体内液体平衡的重要环节，倘若津液生成不足，或大汗、大吐、大泄、大出血，或持续高烧，耗伤津液过多，就会产生皮肤干皱、口唇燥裂、舌面无津、口渴咽燥、目涩、鼻干、大便秘结、小便短少等一系列燥症。反之，津液环流障碍，造成潴留，也会发生水肿或痰饮内蓄的病态症。

（二）气

气的含义涉及面较为广泛。总的来说，可归纳为两个方面，一是指体内流动着的、富有营养的微细的精密物质（如营气、卫气等)；二是指脏腑功能活动的能力。

1. 元气

元气发源于肾，包括元阴、元阳（即肾阴、肾阳）之气，因其由先天之精化生，所以叫作元气。元气是人生生化的原动力，它的作用是激发和推动五脏六腑的功能活动。元气的持续有赖于后天营养的不断滋生。

2. 宗气

积于胸中，是饮食物化生的精微之气和吸入的自然空气相结合的产物。因其是内在之气与外在之气的综合体，又是贯注于全身之气的起点，故叫“宗气”。“宗气”的作用，一是助肺司呼吸，凡语言、声音、呼吸的强弱，均与宗气的盛衰有关；二是把水谷之精的剽悍部分宣发于脉外，反水谷之精的精华部分贯注于脉中，以营养全身。凡是气血的运行以及肢体的寒温和活动能力，多与宗气有关。

3. 营气

营气是由水谷之精气所化生。营气运行在脉中，属于血液的组成部分，它的作用是以血脉为轨道，昼夜不息运行于周身上下表里各部分，五脏六腑、四肢百骸，皆以此为营养。

4. 卫气

卫气是由水谷之悍气所化生，由宗气宣发于脉外，它是人体阳气的一部分。因其具有保卫肌表、抗御外邪的作用，所以叫作“卫气”。卫气在内有温养五脏六腑的功能，在外有温养肌肉、润泽皮肤、滋养腠理、启闭汗孔等作用。因此，人体的脏腑活动，特别是肌表皮肤的功能是否正常，与卫气的强弱有密切关系。若卫气不足，肌表不同，外邪就会趁虚而入。

营气与卫气都是由饮食物中化生而来的。营气是饮食物中的“精气”，卫气是饮食物中的“悍气”。营气运行于脉中，具有化生血液的作用；卫气运行于脉外，具有温养肌腠、保卫体表的作用。综上所述，元气为先天之精所化生，营气、卫气由中气（脾胃之气）所生，卫气与自然之气相合即是“宗气”。元气、宗气、营卫之气与各脏器功能（又名脏气）的总和，叫作“正气”或“真气”。

总之，精气是维持脏腑正常生理和机能活动的物质基础，但它们的生成与转化，又是脏腑生理功能综合活动的结果，这两个方面（即物质和机能）是互为消长、相互促进的。例如，人体的各项机能活动，必须要消耗一定的精、气、血、津、液等物质，而这些物质的生成又必须消耗一定的能量，这样不断地彼长此消，彼消此长，并经常保持其相对平衡，正是人体不断发育成长的必要条件。

（三）神

神是脏腑机能活动的外在表现，也就是人的精神状态，它包括人的感觉、听觉、视觉、动作、思维等一系列的精神活动。

古代中医学和气功理论认为，人的精神活动与机体的精、气、血、津液等是相互依存、不可分割的整体。精、气、血、津液充足，脏腑机能活动正常，人的精神、意识、知觉、运动就旺盛；反之，物质缺乏机能活动衰退，人的精神就会表现为萎靡不振。因此，精、气、神三者可视为人体生命活动的根本。三者之间又具有相互滋生的关系。精充、气足、神旺是健康的保证，精亏、气虚、神耗是衰老的原因。

第六节 性命双修 内外双求

道家气功认为性命双修其意义有二：

其一，性功修炼的是神、魂、魄、意、志、定。

其二，命功修炼的是气、血、精、筋、骨、皮。

由此可以看出，性功修炼的是无形物质，而命功修炼的是有形物质，通过性命双修、内外双求的方法进行修炼，使有形物质与无形物质在人体内有机地结合起来。练习气功的三调即调心、调息、调身，三者密切地配合，以内炼精气神为主要目的，以意守放松入静为核心的自我锻炼方法。道家气功把精、气、神称之为人身三宝，认为是构成人体生命活动的主要物质和功能活动。精、气、神三者之间能够相互依存、相互转化、相互依赖。性命双修是炼精化气、炼气化神、炼神还虚的过程，同时也是“精神变物质，物质变精神”的转化过程，使无形物质的能级达到高于有形物质，两者在一定的条件下互相转化，其转化的形式就是能量转换。这就是练习气功能改变形体、祛病健身、增功、增智、开发人体潜能的功能所在。

人体的各种潜能主要存在于无形物质中。当然，此种无形物质在人体中并非平均分布，而是有些部位表现得比较集中，有些部位则表现得比较弥散，其集中之处就形成了能量中心“丹田”。要开发人体的各种“功能”“潜能”，主要从这些能量中心“丹田”及“窍位”着手，练功便可收到事半功倍之效。

中国有一句名言——生命在于运动，而练习气功是最好的运动方法。从以上可以看出练习气功与体育运动的根本区别在于，体育运动着重锻炼有形结构，而气功在锻炼有形结构的同时又着重锻炼无形物质，并通过无形物质的变化而改进有形结构。两者的锻炼方式完全不同，所以练习气功具有一般体育锻炼所达不到的功效。道家气功所求的“性命双修”“内外双求”就是这个道理。

第七节　论入静

入静是练好气功的关键，不同层次的练习方法，可达到不同程度的入静功效。入静有松静、平静、心静、定静、虚静、真静、明静、灵静八个层次。

松静：是练习气功时入静的初始阶段，首先要将注意力放在调整身体各个部位及动作的放松上，因身体的放松可导致思想意念上的放松入静，精神意念上的放松又可导引身体上的放松，两者之间互相影响、互相促进。

平静：在身体、精神、意念松静的前提下，平下心来清除一天工作中繁琐之事及日常生活经历之事，以达到思想情绪淡化，排除杂念，心平气和地进入练功入静状态。

心静：用三性归一的方法来达到练功入静的目的，即意不外驰而内守、眼不外看而内视、耳不外闻而内听的意守练功部位，这样就能在潜意识里放弃了眼、耳、鼻、舌、身对外界的感知作用。

这种以“锁心猿、拴意马”心神专一修炼入静的方法，气功术语称之为“封闭四门”，来达到引导练功入静，用以排除外部环境及自身内部环境对练功入静时的影响干扰。

定静：练功时要清心寡欲，以此来消除内心世界里的七情六欲对练功时的影响干扰，进行自我修补，战胜自我，不为世上七情六欲所动心，心定神安地来练功。

虚静：练功修炼至此阶段时，导致入静发生了质的变化。修炼时可感到意气神相依，意守时似守非守，似有似无，体内某些感受器官和潜在功能调节系统被激活。

真静：万物俱虚，物我两忘，天地人浑然一体，人体内潜在功能得以调动激发，意识活动基本上消失，达到得意志象(形)。此为功无功、意无意、无功无意是真意的表现。达此阶段，获得了真正生理意义上的人身自由，即古人所讲“超脱塵世而得道”。

明静：练功进入无意的入静阶段时，人体内潜在的特异功能得以开发，随先天功及“开天目”觉明现象的深入，修炼时呈现出一些“内景观”行为，此时修炼身心状态步入了一个崭新的境界。

灵静：是入静的高深层次，人体潜在的特异功能得以调动激发。修炼时呈现出一些“内观景”和“外景观”行为。虽此阶段是入静的高深阶段，但艺无止境法自修，随入静活动的精进，还会继续向更深层次发展。

第八节 心理影响对生理的作用

练习气功时意守窍位，具有第二信号系统调节人体机能活动的作用。我们通过脉象仪测试观察到，当练功者意守劳宫时，相应部位上肢血流量呈显著增加，而非意守部位的下肢血流量却有下降；当意守头部时则血压上升，意守足部时则血压下降；意守丹田取其中，呼吸频率显著减慢，激素也相应增加，下丹田区域血流量明显上升，意守部位周围皮肤穴位温度也明显上升。以上这些变化是气功功能状态下具有特征性的生理反应变化，因此证明了练习气功时由于意守部位不同，则练功功效也不相同，从这里提供了科学的依据。

练功时可感觉到意守部位如手、足、丹田、命门、会阴等窍位有发热、跳动、发胀、有气行等感觉，这便是气功中所讲的“气感”，是练功者进入气功态后，按照以意领气的原则，意到气到，气到血到，使相应的意守部位血氧增加的反应。这就是气功之所以能够自我调节、祛病强身的生理学基础。

我们观察到，当人体进入放松意守入静状态时，对外周循环和微循环产生一定的影响。练功时外周血管由收缩转为扩张，表现在微循环多种指标的改善，毛细血管血流量也比平时增加 14~16 倍。由于外周血管的扩张和毛细血管血流量的增加，携带血氧等营养物质激素也相应增加，可出现耗氧量、脑电、肌电、血压、心率、呼吸、频率和交感神经活动降低等变化。这也是许多老年人老年斑能够变浅或消失，能够鹤发童颜、五脏健壮的原因。

练习气功时通过放松、意守、入静，使中枢神经系统进一步得到调整修复平衡，同时也促进了循环系统功能，提高了机体免疫机能，影响生化代谢内分泌功能等，从而使机体自我调节系统迈向程序化更高的状态。这便是气功用心理影响作用于生理功能的精神变物质、物质变精神的体现。这对保健康复、防病治病、延年益寿、增功增智、开发人体潜能都有着极其重要的意义。

第九节 怎样划分先天气与后天气

先天：如同婴儿在母体内靠母体通过脐带输送营养供其成长，和婴儿在母体内不用自己的口、鼻、肺进行呼吸，称之为先天气、先天呼吸。

后天：当婴儿降生后，以饮食供给营养赖以生存和用自己的口、鼻、肺来进行呼吸，称之为后天气、后天呼吸。

练功到什么阶段才能将后天呼吸转化到先天呼吸？练习气功时达到以丹田（胎息法）来进行呼吸以后，是后天呼吸转化到先天呼吸阶段的转折点和标志。

练习气功到什么阶段才能达到后天转变为先天？

为了说明问题，还要从婴儿说起。当婴儿出生落地，剪断脐带，先天气归于脐内分布全身。婴儿在成长过程中，有一部分还靠先天气供给营养物质。随着婴儿一天天长大，眼耳鼻舌心身对外界的感应认识理解的过程和七情六欲的产生，每天都在损耗着先天气，先天气在一天天地减少，为了保存赖以生存的先天气，婴儿在三岁左右就“囟门封闭”了，就是这个道理，民间称之为“封天灵盖”。

练习气功到了中气功的较深阶段，便可感到囟门重新开启，头顶部囟门处如同婴儿的“天灵盖”一样在动，随练功时的呼吸、气的升降而开合，此时可感悟到内气向上时囟门开启，内气如同流水一样，从囟门处向下浇灌五脏、贯注丹田后囟门封闭，如此反复循环。练习气功到了中气功的囟门开启阶段，是后天转化为先天的重要转折点和标志。

第十节　什么是七情六欲

无论采取什么形式，练习哪种功法，都必须排除七情六欲的干扰。喜、怒、忧、思、悲、恐、惊之七情与气机的变化有着密切的关系。如：

喜则气缓。喜之过甚则气过缓，可致气短不续。

怒则气止。始伤肝。肝藏血，气为血之帅，肝气上逆，率血向上妄行，会导致呕血。如肝气横逆则克脾土，脾失健运，消化不良而致泻。

忧思气结，忧伤脾，思伤胃。思则精神集中，思久则气机不畅，致气留结于中而不行，能使脾胃消化功能呆滞。

悲则气消。悲伤过度则呼吸失常，气塞不通，塞而化热，热又耗气，从而导致气的消耗损伤。

恐则气下。恐伤肾，可致二便失禁。

惊则气乱。惊伤心。心藏神，惊则神乱，而致心气无所依，神无所归。

六欲：

眼、耳、鼻、舌、身、意（外）；

色、声、香、味、触、法（内）；

眼视色、耳听声、鼻嗅香、舌辨味、身觉触、意看法。

上述七情六欲可导致人体气机方面的病变，练功阶段尤须注意，以防受其侵害。练功时要求做到心情舒畅、排除杂念、心神专一、呼吸自然、收视返听、含光默默、三性归一、意守丹田。采取这样的形式练功是一剂有效的良药，它能调节疏缓，使身心方面的紧张状态全面放松，使大脑皮质在运动时得到充分休息，提高大脑皮质的机能，使肌体反应敏捷，动作灵活，从而减低神经系统的紧张性，防止因精神紧张因素诱发的诸多心理疾病。由此可见气功不仅能促使身体健康，又能促进心理健康，身心俱健才算是真正的健康。

第三章　拍打功

第一节　拍打功概述

拍打功乃根据古代《子午流注》“人体时间结构学说”，即人体内12条主要经络内气运行路线，随每天12个时辰的变化而变化的规律，相配12个动静相兼的站桩动作来练功的方法，然后再通过5种由浅入深、轻重不同的力，结合16种中药成分所发挥的药理作用和6种技术独特的拍打方法，用来刺激人体外部器官，通过经络、穴位、气功窍位或神经系统的传导，直接或间接地刺激肌肤、血管、神经、韧带、关节、骨骼，从而产生局部或全身性的反应变化。这种变化可调整人体内部的各种生理机能，使之逐渐趋于正常，增强人体抵抗力，达到祛病健身、延年益寿的练功效果。这种以拍打和药物相结合的练功方法，古代称之为“药摩”。

气功和中医理论认为，“气血不通则痛，气血不通则病”。拍打功的独到之处关键在于“疏通”，它是通过以上所述的几种练功方法，来达到“通则不痛，通则不病”的效果。所以，古人称拍打功有“易筋”“易骨”“易髓”之功效。

第二节　拍打功效原理

拍打功的练习方法主要是依靠拍打时的力和力的方向变换来实施的。拍打所施的力有三种：一是运动的力，指的是以拍打的方法，沿经络系统、神经系统、血液循环系统为路线，在肌肉和骨骼之间往返运动的力，这种力受运动方向和运动范围影响，运动方向有直行、横行、斜行、环行等，运动范围有局部和全身的不同。二是静止的力，指的是以点穴的方法，固定在气功部位、穴位或某个部位上来实施的。三是动静结合的力，指的是以按摩和点穴的方法，在气功部位、穴位或某个部位上先施以静止的力，然后再施以运动的力，或先以运动的力，然后再施以静止的力。

以上三种力由于用力轻重不同，其渗透于体内的力度也有所差别，基本上分为浅、中、深三种。但是根据人体结构，由于拍打时作用于皮毛、经脉、肌肉、经筋、骨骼等不同部位，实际上又划分为 5 种由浅入深的力。

(1) 浅：作用于皮毛；

(2) 略浅：作用于经脉；

(3) 中：作用于肌肉；

(4) 略深：作用于经筋；

(5) 深：作用于骨骼。

物理学认为：力作用于物体上，沿着物体方向移动一段距离，那么这个力就对这个物体做了功。

“一个物体能够对另一个物体做功，那么，后一物体就会获得一定的能量，能量分为动能、势能、热能、磁能、电能、化学能、核能等。”

拍打时所施的“运动的力”产生的是动能，“静止的力”产生的是势能，由运动而产生的摩擦形成的是热能，这些“能”传入机体后转换成机体内有关系统所需的内能，从而调整了系统内的脏腑组织的功能。例如，血液循环靠的是心脏和动脉的收缩，静脉中静脉瓣的往返拨动产生的动能以及因重力而产生的势能实现的。当心脏、动脉、静脉瓣所产生的动能不足，或者因某种原因而导致血管内的血液停留影响了血液动力时，就会使血液运行时所需要的动能减弱，于是出现了血液循环缓慢的病理现象，这样就需要从外部给以动能，传递到血液并转换成血液运行时所需的动能，才能改变这种病理现象。这种能量的转换是拍打功作用基本原理之一。

现代科学研究证明：人体是一个信息系统，它可以发出信息，接受信息，传递信息。在接受信息时沿着一定的途径由外向内传递，发出信息时沿着另一条途径由内向外发出。这些信息有的十分明显，不用任何仪器就可查知，但有的信息必须依赖仪器才能检测到。例如，体温、脉搏、呼吸、疼痛等就是不需仪器检测的明显的生命活动信息，而心电波、脑电波、肌电波等必须用特定仪器才能测出。信息是以能量为载体传递的，作为载体的能量可以是化学能（如疼痛）、热能（如体温）、动能（如脉搏、呼吸）、电能（如心电、脑电）。

信息传递的途径有两条，一条是内脏到体表，一条是体表到内脏。这两条途径都要经过神经元、中枢神经和神经的递质。

人体因各个脏腑组织结构不同以及功能活动的差别，对信息的接受及发出有自己特定的阈值。如果向内接受或向外发出的信息低于或高于这个阈值，表明其内部的功能活动发生了改变或病变。例如，突然而强烈的声响，会引起心慌、面白、肢冷等现象，这是传入的信息超越了这些组织器官所能接受的阈值的结果。某些心脏病的病人，其心电图的参数有的偏高，有的偏低，是心脏发出的信息在原有阈值的基础上发生改变的结果。

拍打功是通过拍打接触患者的体表发出的一种信息。这种信息通过体表到内脏的途径传入体内，增益或衰减已经改变了的内脏的信息，使之接近或恢复原有的阈值，从而达到祛病健身的目的。这种信息传递的方式是拍打功作用基本原理之二。

拍打刺激体表的一定部位，对内脏的功能活动有一定影响，而内脏的病变可以在体表反映出一定的症状。这是因为体表与内脏通过三条途径发生联系的结果。

（1）体表末梢感受器在接受刺激后，经过体表传至脊髓后角，在后角转换神经元，抵达第Ⅶ板层，再经脊髓前角出椎间孔到达交感神经节，然后传入内脏。

（2）体表末梢感受器将信息经体表神经传入脊髓后角的第Ⅳ、Ⅴ板层；经脊髓丘脑束传至丘脑腹后外侧核，然后再经内囊枕部，投射到中央后回，中央后回发出下行纤维经下丘脑（间脑）至网状结构，然后从网状结构分三路传至内脏，一路由网状结构到达迷走神经背核，由副交感神经传入内脏；第二路从网状结构经孤束核到达迷走神经背核，再由迷走神经传入内脏；第三路是从网状结构到孤束核，再达交感神经，然后由网状脊髓束传入内脏。

（3）在柔软的腹腔体表接受拍打后直接刺激内脏，以影响内脏的活动。

拍打时的力度和方向的变换，对体表产生了轻重、舒缓等不同刺激，这些刺激产生了不同的生物信息，这些信息沿着上述三条途径中的一、二两条途径传入内脏，使内脏的功能活动发生了改变，但是缓和、轻微的连续刺激有兴奋周围神经的作用，而对中枢神经却有抑制作用；急速、较重的短暂刺激可兴奋中枢神经，抑制周围神经。所以，内脏机能亢进者，用急速、较重的拍打方法使中枢神经兴奋，发出强劲的冲动以抑制内脏的亢进功能；而内脏机能衰弱者，用缓和、轻微的连续刺激兴奋周围神经，通过第一途径激发内脏功能，抑制中枢神经对内脏的控制。这样的拍打使内脏的功能活动得到调节，为气血运行的调理创造条件。这是拍打功作用基本原理之三。

气血的运行与内脏的关系十分密切，不仅气血在经脉中运行与脏腑发生直接的联系，而且气血的全部运行过程都要受到脏腑的控制。例如，气的运行，气自内向外达于体表，依赖的是肺的宣发，自外吸入氧气，呼出体内浊气，依赖肺的呼吸。但是气自胸中下降至丹田则是一方面依赖肺的肃降，另一方面依赖肾的摄纳。气能注入经脉，一方面依赖肺的输注，另一方面依赖心的主宰。行于脉外的气除依赖肺的宣发，还要依赖脾的补充。气能在体内畅通无阻靠的是肝的疏泄和条达，而血的运行亦是如此，血能进入经脉靠的是心的主宰，其运行的动力是肺提供的气，血不溢于脉外，靠脾的统摄；在经脉中畅通靠的是肝的疏泄；血的充盛依赖肾所藏的先天之精及脾运化的水谷之精的补充。所以，脏腑发生病变可以直接影响气血的运行，而气血运行失常也可影响脏腑的功能而发生病变。因此，对气血的调理，除直接调整脏腑机能活动以外，还要对气血运行状况加以调整。

对气血运行状况加以调整，拍打功采取的是以拍打调理经脉气血、以时辰调理经脉气血的方法。这是拍打功作用基本原理之四。

拍打袋中的16种中药成分，在拍打的作用下，药物的有效成分被皮肤吸收到体内，参与气血循环，充分发挥药物的作用，有疏通经络、活血化瘀、消肿止痛、增精养血、补气安神、滋补肝肾、调心理肺、扶正固本的疗效。药物与拍打相互结合，相互补充，共同发挥其功效，以调节、改善、提高人体的生理功能、心理功能、思维功能和行为能力，以达到保持、改善、提高、加强人体的五种平衡系统：第一，快速姿势平衡系统，指的是神经系统；第二，内脏活动平衡系统，指的是植物神经系统；第三，体表内脏间平衡系统，指的是经络系统；第四，全体慢平衡系统，指的是内分泌系统；第五，运动状态时的平衡系统，指的是运动状态下各种姿势动作的变化与身体重心的协调平衡系统。

药效、功能、信息共同发挥效能，还能开发人体未处于工作状态的肺细胞、神经细胞、脑细胞等的潜在功能。这是拍打功作用基本原理之五。

第三节　练习拍打功指南

(1) 结合气功动作练习拍打功。例如，练习完“意守中丹田”的动作后，再进行“拍打中丹田”；又如，练习完“意守命门”的动作后，再进行“拍打命门”等。如此练习功效更佳，能达到事半功倍的练功效果。

(2) 因地制宜地练习拍打功。例如，晚上坐着看电视时或躺在床上休息时，均可练习拍打功。

(3) 每个练功者根据自己的身体状况，因人而异地练习拍打功。例如，患有心脏病的练功者，应经常拍打心经；患有肾病的练功者，应经常拍打肾经；患有肺病的练功者，应经常拍打肺经等。

（4）喜欢武术技击的练功者，可有重点地拍打身体某个技击薄弱部位，例如，腹部、胸部、肋部、头部、背部、裆部等。经常练习可逐渐形成防身护体的“铁布衫”和“铁裆功”功夫。

（5）在经络注解中所标明的重点拍打穴位或部位，应反复重点地进行拍打。

（6）由手和脚循经络拍打达至脏腑为“补法”，由脏腑循经络拍打达至手和脚为“泻法”。

（7）拍打功技术方法有三种，即拍打法、点击法和按摩法。

（8）拍打点击和按摩时的力度，要根据身体结构的具体位置、每一个练功者自身的承受能力及功法的深入情况酌情处理，要掌握先轻后重、循序渐进的原则。

（9）练习拍打功时，有自身拍打不到的部位，可以两个人互相拍打。

（10）拍打袋长 70~80 厘米，粗 4~5 厘米，用布缝制而成，内装有 12 种名贵中药和谷物，有效期为 1 年。为了保持良好的祛病健身之功效，拍打袋需要在 1 年后进行更换。

第四节　拍打功秘方解密

舒筋活血方（易筋）

伸筋草	15 克	红花	30 克	川芎	15 克
鸡血藤	30 克	桃仁	15 克	丹参	30 克
藿　香	10 克	降香	6 克	黄芩	10 克

当　归　10克　佩兰　10克　柴胡　10克

功能： 活血化瘀、软化血管、气血通畅、疏通经络、强筋健肌。

配制： 将中草药捣碎或磨研成粉末，放入谷物中，搅拌均匀后，装入拍打袋中，保效期为一年。

第五节　注意事项

(1) 拍打袋专人专用，以保持清洁卫生。

(2) 患有皮肤病、血液病或传染病的练功者，严禁使用他人练功袋，以防交叉感染。

(3) 有外伤的练功者，练功时应避开外伤处，或待伤愈后再练功。

(4) 在练功期间，减少或停止房事活动，以免损失元气、影响祛病健身和强壮内气的练功效果。

第六节　拍打功的健身功效

拍打功是中国特有的运动方式，它可以在同一时间内综合地完成神经、呼吸、血液、经络、消化、内分泌、肌肉、骨骼等方面的锻炼，用以调节人体的平衡系统。

可以说，练习拍打功是人们用最宝贵的时间，达到最佳运动锻炼的效果。因此，经常坚持练习拍打功能达到以下健身效果。

一、调节神经系统

练习拍打功是在大脑支配下的意气运动，以心理活动影响生理活动。是意到气到、气到动作到、气达于梢的练功要领，再配合手、足部位的练功动作，直接起到了对神经系统的调节作用。从人体的神经系统分布状态来看，手和足属于颈胸分布末梢区，较为敏感，因此，通过交感神经、副交感神经的传导，对内脏能起到反射调节作用，再通过意守丹田练功要领的导引、腹式呼吸的配合和动作的相助，达到气沉丹田的练功效果。这样使支配内脏的中枢神经系统产生兴奋，直接起到了刺激影响内脏器官的作用。

从现代解剖、生理学观点分析，丹田和一些重要的练功部位，恰好是重要神经中枢和内分泌腺体所在地，如大脑、胸腺、腹腔神经丛、肾上腺、性腺、脊髓等，这些都是人体重要的部位。拍打功的独特和捷径之处，就在于直接刺激影响神经系统时，可产生强烈的传导感，这种传导感可使兴奋神经趋向稳定状态，使抑制神经被激活，从而使人体的神经系统进一步地得到调整、修复和平衡。同时还可促进生化、代谢、内分泌等功能，提高人体的免疫机能，从而使人体自动化调节系统趋向有序化程度更高的状态。

经常坚持练习拍打功，对防止由于神经系统病变所产生的疾病如神经衰弱、神经痛、神经麻痹、神经萎缩、胳膊和腿麻木等，尤为有效。

二、增强呼吸系统

练习拍打功采用腹式呼吸法，要求呼吸与动作自然配合。动作相开时为吸气，使膈肌上升，腹压减弱，重心上移，胸压增强，加大了肺活量；动作相合时为呼气，使膈肌下降，腹压增强，重心下降，胸内压减弱，随着呼吸和动作的变化，达到“胸宽腹实”的状态，能改进胸廓活动度。有调整肺功能和胸膈的状态，增加肺活量，使呼吸肌发达，恢复肺的弹性，开发肺功能潜力的作用。

因此，经常坚持练习拍打功，习练者呼吸频率会减少，肺活量比一般人大，对防止由于呼吸系统病变所产生的疾病如咳嗽、气亏、支气管炎、胸痛、肺炎、肺气肿等，均有良好的功效。

三、疏通循环系统

练习拍打功的动作，能使全身各部位的肌肉群总是一松一紧、一刚一柔、一收一放、一开一合，交替变化运动。这种独特的练功方式，能促使肌肉间的静脉血液加速回流到心脏，心脏供血充足了，通过动脉向全身排出的血液就会增加。另外，练功时在意念的导引、呼吸的配合、动作的相助下，能促进心搏能力，使心肌得到锻炼，从而加大加速血流量，提高血管容积，增强血管的韧性和弹性。还有利于疏通血液循环系统，清除血液中和沉积在动脉和静脉血管壁上的有害物质，使胆固醇含量下降，血脂降低。

经脉象仪测试表明，练习拍打功还具有改善微循环的作用，使外周血管扩张，毛细血管血流量比平时增加了 15~16 倍。由于外周血管的扩张和毛细血管血流量的增加，习练者体感到手足、丹田、命门等意守部位有发热、发胀、气行、气动等现象，这就是练功时的所谓气感。毛细血管随血流量的增加，携带氧、激素等营养物质的能力也相应地增长，同时清除了附在外周血管和毛细血管壁上沉积的有害物质。这是许多老年人通过练功能够童颜鹤发、老年斑变浅或消失的原因。

因此，经常坚持练习拍打功，能引起细胞产生温热反应，活化细胞，使血管扩张，血管容积增大，血管通透性明显得到改善，促进血液循环，使血管、外周血管、毛细血管中血流速度增快，末梢血流量增加，红细胞和血红蛋白有所增长，软化动静脉血管，增强血管壁弹性，清除血液中的有害物质，还可降低胆固醇、血脂，改善心肌供氧，增强心脏功能。对防治由于循环系统病变所产生的疾病，例如高血压、低血压、贫血、动脉硬化以及由于心脏供血不足引发的各种病症，均有良好的功效。

四、畅通经络系统

中医学理论认为，人体的健康与经气畅通有着密切的关系，故中医理论总是气、血并提。经常练习拍打功，一般都会产生手脚发热、发胀、气动、气行、指尖如针刺的感觉。在背、胸、头、胳膊、腿等部位都有气动、气行的现象，中医认为这是体内行气的现象，是经络畅通的反应。

练习拍打功在意到气到、气到动作到、气达于梢的练功要领指导下，要求动作使肌肉、韧带、关节在均匀连贯的反复旋转活动中得到无微不至的运动，调整呼吸，调节神经，畅通气血，流转贯注于四梢，达到固本荣枝的目的。中医经络学说一直很重视人体的四肢末梢，认为手脚的末梢是十二经络的终点和起点的连接处。所以，经常坚持练习拍打功，有助于十二经络的畅通和内气的循环运行。

功夫较深者练习拍打功时，则能进一步地体感到，胳膊和腿内犹如有水银流动一样，沉稳而敏捷。在意念导引、呼吸配合、动作相助下气沉丹田时，还能体感到丹田内气动、丹田内气旋转、丹田内气鼓荡等现象，其功效在于能使膈肌产生上下运动，胸压和腹压交替变化，促使五脏六腑进行自我按摩运动。五脏六腑是十二经络的大本营，这样更有助于十二经络及全身经脉的畅通和内气的循环运行。

因此，经常坚持练习拍打功，对防治由于经络系统内气运行不畅所产生的气滞、气亏、身冷、手脚发凉等现象尤为有效。

五、促进消化系统

拍打功采用腹式呼吸、气沉丹田的方法，可使支配内脏器官的神经产生兴奋，膈肌活动幅度明显增大，活动范围是平时的 3~4 倍。改善了腹肌的收缩与舒张，因此，增强了腹腔内压，使腹部温度增高，促使胃、肠、肝、肾、膀胱随之产生自我按摩式运动，从而提高胃肠道平滑肌的张力和收缩力，加速胃肠的蠕动，促进胃肠消化液的分泌，加强了消化、吸收和排泄功能。练功时有口液增多和肠鸣感的现象，就是促进胃肠消化能力的表现。

因此，经常坚持练习拍打功，具有促进消化系统功能、改善体内物质代谢的作用，对防治由于消化系统病变所产生的疾病如胃痛、消化不良、食欲不振、便秘、小便不利等，均有良好的功效。

六、锻炼肌肉组织

肌肉的基本特征是收缩与放松，收缩时肌肉缩短，横断面增大，放松时则相反。肌肉组织的物理特征是伸展性与弹性。练习拍打功的动作，能使全身各部位的肌肉群都能参加运动。这种锻炼方式不像举重、投掷、健美等竞技体育运动那样，给肌肉以强烈的刺激，使局部肌肉僵硬和隆起。拍打功锻炼肌肉的方式，是在意、气、形合一的状态下，一松一紧、一刚一柔、一收一放、一开一合的交替变化运动中进行的，从而使全身的肌肉得到均衡的锻炼。所以，这种独特的锻炼肌肉的方式，能促进血液循环加快，从而使肌肉需要的氧气和营养物质得到及时的补充，促进乳酸等代谢产物的吸收和排泄，提高肌肉的运动能力，使肌肉匀称丰满，柔韧而富有弹性。由于肌肉收缩与放松、伸展性与弹性的增强，对关节和骨骼的牵拉作用也得到了加强，使骨的形态结构和性能都产生良好的变化，运动时可减少肌腱和骨之间的摩擦，提高运动的转换能力。

因此，经常坚持练习拍打功，能使习练者较快地掌握新的动作要领，促进演练拍打功的动作更加协调优美、舒展大方。对防治由于肌肉组织病变所产生的疾病如肌肉酸痛、肌肉痉挛、肌肉劳损、肌肉萎缩、肩背痛、腰腿痛等尤为有效。

七、加强关节活动，坚固骨骼

练习身体各部位的动作时，由于各关节呈圆形运动，因此扩展了关节的活动范围，增强了关节结构、关节韧带、软骨滑膜层、纤维层、半月板、骨膜、关节囊等的功能，起到了保护关节和限制关节的作用。

关节和骨骼在运动时，能使该部位周围的肌肉、韧带、肌腱、神经、血管、经络等同时综合地得到锻炼。练功时关节处有时发出“咯咯”响动的声音，就是促进关节软化运动的良好反应。长此以往，能使关节之间、骨与骨之间的连结更加稳固，骨密质增强而坚固，促进骨液分泌，对骨质营养的吸收和病变的修复，预防骨骼老化、变形，起着重要的作用。

经常坚持练习拍打功，使关节的稳固性、柔韧性和灵活性增强了，能提高关节和骨骼的抗折、抗弯、抗扭转方面的性能，达到减轻冲撞和震动的作用，对防止由于骨质病变所产生的疾病如关节炎、颈椎病、骨刺、骨质增生、椎间盘突出等均有良好的功效。

综上所述，从以上可以看出练习拍打功与体育运动的根本区别在于，体育运动着重锻炼有形结构，而拍打功在锻炼有形结构的同时，又着重锻炼无形物质精、气、神，并通过无形物质的变化而改进有形结构，两者的锻炼方式完全不同，所以，练习拍打功具有一般体育运动锻炼所达不到的功效。

第四章　拍打功七种方法

第一节　拍打经络系统

拍打对经络系统的作用：拍打时可产生强烈的传导感，这种传导感能刺激影响经络系统，可促进经脉中的气血运行速度加快、加强，又能使经脉与肌肉间气血受阻而产生的气滞血瘀得以疏通。

拍打体表的经络、穴位、气功窍位，能直接影响到相关脏腑功能的调整作用。例如，拍打肺经的肺俞、膈俞及相关穴位，能影响肺功能，调整胸膈肺的状态，从而产生镇咳、平喘、化痰作用，可加深呼吸，增强氧气的吸入和二氧化碳的呼出，恢复肺的弹性，同时使呼吸肌发达，增强肺活量，保持肺的良好状态，经络内气保持畅通，对保健康复、延年益寿都有着极其重要的意义，经常练习拍打经络系统对气血运行不畅、气滞血瘀、气血亏等原因引发的诸类病症，以及年老体弱气血不能达于四肢梢节而产生的胳膊手、腿脚发冷的畏寒症等现象，尤为有效。

一、拍打胆经

每日子时（23:00—1:00）为胆经气旺之时，在此时辰内练习功效最佳。

动作一：无极起式。双手握拳放在肋部胆的位置上，三性归一，内视胆经内气运行路线，自然呼吸。（图 4–1、图 4–2）

图 4–1

图 4–2

动作二：由静功转化过渡为动功。双拳变为双掌，由肋两侧徐徐上升至头部，此时为吸；然后，双掌顺头、胸、腹两腿外侧缓缓而降，达至触摸至双脚第四趾，此时为呼，全身各部位相随而动，身体重心随动作的升降而变化。如此反复练习。（图 4–3~图 4–7）

图 4–3

图 4–4

图 4–5

图 4-6

图 4-7

动作三：循胆经内气运行路线进行拍打。（图 4-8~图 4-10）

图 4-8

图 4-9

图 4-10

意念：做动作和拍打时，三性归一，以意领气，由胆部始，循胆经运行达至脚第四趾。

功效：参考学习足少阳胆经注解。

胆经歌诀

五足少阳是胆经，从头走足行身旁，
起于外眦瞳子髎，止于足部窍阴上。
头侧耳目咽喉病，神民热妇运动恙，
外眦五分瞳子髎，听人耳前珠陷详。
上关颧弓上缘取，内斜曲角颌厌当，
悬颅悬厘在下方，相距半寸君莫忘。
曲鬓耳前发迹边，率谷入发寸半量，
天冲率后斜五分，浮白率后一寸乡。
头窍阴穴乳突上，完骨乳突后下方，
本神神庭三寸旁，阳白眉上一寸量。
入发五分头临泣，庭维之间取之良，
目窗正营及承灵，相距寸寸寸半量。
脑空池上平脑户，粗隆上缘外两旁，
风池耳后发际陷，颅底筋外有陷凹。
肩井大椎肩峰间，渊腋腋下三寸见，
辄筋腋前横一寸，日月乳下三肋现。
京门十二肋骨端，带脉章下平脐看，
五枢髂前上棘前，略下五分维道见。
居髎髂前转子取，环跳髀枢陷中间，
风市垂手中指尽，其下二寸中渎陈。
阳关阳陵上三寸，腓头前下阳陵泉，
阳交外丘骨前后，踝上七寸丘在前。
光明踝五阳辅四，悬钟三寸骨前缘，
外踝前下丘墟寻，临泣四趾本节扪。
侠溪穴与地五会，跖趾关节前后寻，
四趾外端足窍阴，四十四穴仔细吟。

拍打足少阳胆经（23:00—1:00）

穴位	取穴方法	主治
瞳子髎↓	眼外眦角外侧约 5 分	屈光不正、角膜白斑、角膜炎、视神经萎缩
听会↓	听宫穴下方，与耳屏切迹相平，张口取之	耳聋、耳鸣、中耳炎、牙痛、面神经麻痹、下颌关节炎
上关↓	额弓上缘，下关穴直上方	面神经麻痹、耳鸣、耳聋、牙痛
颔厌↓	头维穴下 1 寸，咀嚼时有微动处	偏头痛、目眩、耳鸣、鼻炎、面神经麻痹
悬颅↓	颔厌穴与曲鬓穴联线之中、上 1/3 交界处	偏头痛、神经衰弱、牙痛
悬厘↓	颔厌穴与曲鬓穴联线之中、下 1/3 交界处	偏头痛、神经衰弱、颜面浮肿、牙痛
曲鬓↓	耳上水平线与耳前垂直线交点	颔颊部肿胀、张口困难、头痛、项强
率谷↓	耳尖直上入发际 1.5 寸，咀嚼时有牵动处	偏头痛
天冲↓	率谷穴后 5 分，耳根上后方入发际 2 寸处	头痛、牙龈肿痛、癫痫
浮白↓	天冲穴下约 1 寸，耳壳根上缘向后入发际 1 寸	耳鸣、耳聋、牙痛、扁桃腺炎
窍阴↓	浮白穴与完骨穴联线中点	目痛、头顶痛
完骨↓	乳突后下方凹陷处，俯首取之	耳鸣、牙痛、颊肿、面神经麻痹
本神↓	目外眦直上入发际 5 分	癫痫、项强
阳白↓	眼平视，眉毛中央直上 1 寸，直对瞳孔	前额头痛、眼病、面神经麻痹
临泣↓	眼平视，瞳孔直上入发际 5 分	鼻塞、眼病、中风、惊痫
目窗↓	临泣上 1.5 寸	眼病、颜面浮肿
正营↓	目窗上 1.5 寸	头痛、目眩、牙痛

（续表）

穴位	取穴方法	主治
承灵↓	正营后 1.5 寸	头痛、鼻塞、鼻衄
脑空↓	风池直上 1.5 寸	头痛、项强、鼻衄、哮喘
风池↓	颈后枕骨下，与乳突下缘相平，大筋外侧凹陷处	头痛、眼病、鼻炎、感冒、中风、偏瘫、耳聋、耳鸣
肩井↓	大椎穴与肩峰联线之中点，肩部高处取之	肩背痛、落枕、举臂困难、乳腺炎、甲状腺功能亢进、功能性子宫出血
渊腋↓	腋窝中点直下 3 寸举臂取之	胸膜炎、肋间神经痛、腋窝淋巴腺炎
辄筋↓	渊腋穴前 1 寸，举臂取之	呕吐、吞酸、流涎、哮喘
日月↓	期门穴直下 1 肋，即第七肋间又法：在第九肋软骨附着处下 5 分	胃痛、肝炎、胆囊炎、呃逆
京门↓	十二肋游离端	肾炎、肋间神经痛
带脉↓	从十一肋端与十二肋端联线中点引线下行与脐相平处	子宫内膜炎、膀胱炎、腰肋背痛、月经不调
五枢↓	带脉穴前下 3 寸，平关元穴，髂前上棘之前方	下腹痛、腰痛、子宫内膜炎、睾丸炎
维道↓	五枢穴下 5 分	子宫内膜炎、下腹痛、习惯性便秘
居髎↓	维道穴后下方 3 寸，屈髋时股横纹尽处。又法：髂前上棘与大转子最高点联线中点凹陷处	腰腿痛、下腹痛、睾丸炎、子宫内膜炎、膀胱炎
环跳↓	左臀区、股骨大转子最凸点与骶骨裂孔连线的外 1/3 与内 2/3 交点处	腰腿痛、坐骨神经痛、下肢麻痹、瘫痪
风市↓	直立，两手自然下垂贴于大腿外侧，中指尖所到之处是穴	下肢关节痛、下肢麻痹、瘫痪、坐骨神经痛

(续表)

穴位	取穴方法	主治
中渎↓	风市穴直下 2 寸	半身不遂、坐骨神经痛
膝阳关↓	股骨外髁上方凹陷处，屈膝取穴时，阳陵泉穴上 3 寸。又法：股骨外髁之后方	膝关节痛、下肢麻痹、瘫痪
阳陵泉↓	屈膝，小腿外侧，腓骨小头前下缘凹陷处	膝关节痛、坐骨神经痛、偏瘫、胸胁痛、胆囊炎
阳交↓	外踝尖直上 7 寸，腓骨后缘。又法：阳交穴在外丘穴后 1 寸	小腿外侧痛、坐骨神经痛、哮喘
外丘↓	阳交穴后 1 寸。又法：外丘在外踝尖直上 7 寸，腓骨后缘	小腿外侧痛、腓肠肌痉挛、颈项强痛
光明↓	外踝尖直上 5 寸，腓骨后缘	近视、夜盲、视神经萎缩、偏头痛、小腿外侧痛、乳腺炎、产后乳汁少
阳辅↓	外踝尖直上 4 寸，腓骨后缘	腰痛、膝关节炎、全身痛
悬钟↓	外踝尖直上 3 寸，腓骨后缘。又法：外踝尖直上 3 寸，腓骨前缘	膝及踝呆节痛、胁痛、落枕、半身不遂
丘墟↓	外踝前下方凹陷处	腋窝淋巴结炎、胸胁痛、胆囊炎、坐骨神经痛、疟疾
足临泣↓	第四、第五跖骨结合部的前方凹陷处	结膜炎、胸胁痛、乳腺炎、颈淋巴结结核
地五会↓	第四、第五跖骨骨缝间，足临泣穴前 5 分处	耳鸣、腋痛、乳腺炎、足趾挛痛、月经不调
侠溪↓	第四、第五趾缝间，趾蹼后缘 5 分处	耳聋、头痛、眩晕、胸胁痛、肋间神经痛、月经不调
足窍阴↓	足四趾外侧，距甲角约 1 分许	胸膜炎、哮喘、头痛、咽喉炎

二、 拍打肝经

每日丑时（1:00 — 3:00）为肝经气旺之时，在此时辰内练习功效最佳。

图 4–11

动作一：无极起式。双手叠放在肋部肝的位置上，三件归一，内视肝经运行路经，自然呼吸。（图 4–11）

动作二：由静功转化过渡为动功。左脚向前迈一步，右脚跟抬起，大趾点地，同时身体向右转，双手自然垂落于身体右侧，低头看右脚大趾。然后，右脚向前迈一步，左脚跟起大趾点地，同时身体向左转，双手相随垂落于身体左侧，低头看左脚大趾。全身各部位相随而动，身体重心随动作的变化在两腿之间转换，自然呼吸，如此反复练习。（图 4–12、图 4–13）

图 4–12

图 4–13

动作三：循肝经内气运行路线进行拍打。（图 4–14~图 4–17）

图 4–14

图 4–15

图 4–16

图 4–17

意念：做动作和拍打时，三性归一，以意领气，由肝脏始，循肝经运行达至脚拇趾。

功效：参考学习足厥阴经注解。

肝经歌诀

四足厥阴是肝经，起于大敦期门终，
前阴生殖肠胆病，气血五脏治最灵。
大敦拇趾外甲角，行间纹端趾缝寻，
太冲关节后凹陷，踝前筋内取中封。
踝上五寸蠡沟穴，中都踝上七寸擒，
膝关阴陵后一寸，曲泉屈膝尽横纹。
阴包膝上方四寸，五里气冲下三寸，
阴廉气下二寸中，急脉阴旁二五分。
十一肋端章门是，乳下二肋寻期门。

拍打足厥阴肝经（1:00—3:00）

穴位	取穴方法	主治
大敦↓	足大趾外侧，距甲角1分许	子宫脱垂、疝痛、崩漏、遗尿
行间↓	足拇趾、次趾趾缝间，距趾蹼缘后约5分处	头痛、目眩、头顶痛、青光眼、月经过多、小儿惊风、肋间神经痛、盗汗
太冲↓	足背第一、第二趾间上1.5寸处，即第一、第二跖骨结合部之前凹陷处	头顶痛、目眩、高血压、崩漏、闭经、乳腺炎
中封↓	内踝下缘前1寸，肌腱内侧，踝关节背屈时呈凹陷处	下腹痛、尿闭、疝痛、遗精、阴茎痛
蠡沟↓	内踝尖直上5寸，胫骨内缘	疝痛、小便不利、月经不调、小腿酸痛
中都↓	内踝尖直上7寸，胫骨内缘	崩漏、疝痛、下肢关节痛
膝关↓	胫骨内踝后下方，当阴陵泉穴后约1寸	膝关节痛
曲泉↓	股内侧腘窝横纹端，股骨内踝之后，半膜肌停止部的前缘	子宫脱垂、阴部痒痛、小便不利、遗精、膝痛、大腿内侧痛
阴包↓	股骨内上髁直上4寸，股内侧肌与缝匠肌之间	腰痛、下腹痛。遗尿、月经不调
五里↓	大腿内侧阴廉穴下1寸处	下腹胀、尿闭、遗尿、阴囊湿疹
阴廉↓	耻骨联合上缘中点旁开2.5寸再下2寸处	股内侧痛、白带过多、月经不调
急脉↓	耻骨联合下缘中点旁开2.5寸处	阴茎痛、子宫脱垂、下腹痛、股内侧痛
章门↓	侧卧，十一浮肋端稍下处	呕吐、腹胀、腹泻、肝炎、胸胁痛
期门↓	不容穴旁开1.5寸，第六肋间处。又法：在第九肋软骨附着部稍下方	胸膜炎、肋间神经痛、肝炎、消化不良

三、拍打肺经

每日寅时（3:00—5:00）为肺经气旺之时，在此时辰内练习功效最佳。

动作一：无极起式。双手上抬至身体两侧略低于肩，掌心向外，三性归一，内视肺经运行路线，自然呼吸。（图 4–18、图 4–19）

图 4–18

图 4–19

动作二：由静功转化过渡为动功。双手内旋，掌心朝里，缓缓相合于胸前，同时胸合、肺合，此时为呼；然后，双手外旋，掌心朝外，向身体两侧缓缓而开，至胳膊自然伸直，略低于肩，此时为吸；全身各部位相随而动，身体重心随动作的开合而变化。如此反复练习。（图 4–20、图 4–21）

图 4–20

图 4–21

动作三：循肺经内气运行路线进行拍打。（图 4–22~图 4–24）

图 4–22

图 4–23

图 4–24

意念：做动作和拍打时，三性归一，以意领气，由肺脏始，循肺经运行达至手拇指。

功效：参考学习手太阴肺经注解。

肺经歌诀

三手太阴是肺经，起于中府少商停，
胸肺疾患咳嗽喘，咯血发热咽喉痛。
中府云门下一寸，云门锁骨下窝寻，
二穴相差隔一肋，距胸中线六寸平。
天府腋下三寸取，侠白肘上五寸擒，
尺泽肘中横纹处，孔最腕上七寸凭。
列缺交叉食指尽，经渠一寸突脉中，
太渊纹上动脉动，鱼际大鱼骨边中。
少商指甲根外角，去指甲角韭叶明。

拍打手太阴肺经（3:00—5:00）

穴位	取穴方法	主治
中府↓	锁骨下 1 寸，前正中线旁开 6 寸处	支气管炎、肺炎、哮喘、肺结核
云门↓	锁骨下缘，前正中线旁开 6 寸处	咳嗽、哮喘、胸痛、胸闷、肩背痛
天府↓	腋前皱襞尽头下 3 寸，肱二头肌外侧缘	哮喘、鼻衄、上臂内侧痛
侠白↓	肱骨前外侧天府穴直下 1 寸处	咳嗽、气促、胸痛、上臂内侧痛
尺泽↓	肘横纹中央稍偏桡侧，肱二头肌腱之桡侧	咳嗽、哮喘、咯血、咽喉肿痛、肘臂肿痛
孔最↓	前臂桡侧，腕横纹上 7 寸	咳嗽、哮喘、咯血、扁桃体炎、肘臂痛不能屈伸
列缺↓	桡骨茎突上方，腕横纹上 1.5 寸，即两手虎口交叉，食指尖下所指筋骨凹陷处	头痛、颈项强痛、咳嗽、哮喘、面神经麻痹
经渠↓	桡骨茎突内侧缘，腕横纹（太渊穴）直上 1 寸处	咳嗽、哮喘、胸痛、咽喉肿痛、手腕痛

（续表）

穴位	取穴方法	主治
太渊↓	腕横纹之桡侧凹陷处	哮喘、咳嗽、胸痛、腕臂痛
鱼际↓	第一掌骨掌侧中点赤白肉际	咳嗽、哮喘、咯血、咽喉肿痛、发热
少商↓	拇指桡侧距指甲中 1 分许	咳嗽、咽喉肿痛

四、拍打大肠经

每日卯时（5:00—7:00）为大肠经气旺之时，在此时辰内练习功效最佳。

动作一：无极起式。双手放在腹部大肠的位置上，三性归一，内视大肠经内气运行路线，自然呼吸。（图 4–25）

图 4–25

动作二：由静功转化过渡为动功。双手沿顺时针方向在腹部进行按摩式转动；自然呼吸，全身各部位相随而动，身体重心随动作的变化，在两腿之间转换。如此反复练习后，再换方向练习。（图 4–26~图 4–28）

图 4-26

图 4-27

图 4-28

动作三：循大肠经内气运行路线进行拍打。（图 4-29~图 4-32）

图 4-29

图 4-30

图 4-31

图 4-32

意念：做动作和拍打时三性归一，以意领气，由大肠始，循大肠经运行达至手食指。

功效：按顺时针方向拍打为“泻”，按逆时针方向拍打为“补”。参考学习手阳明大肠经注解。

大肠经歌诀

十手阳阴大肠经，起于商阳止迎香，
头面眼鼻口齿喉，皮肤神热与胃肠。
商阳食指桡侧取，二间握拳节前方，
三间握拳节后取，合谷虎口岐骨当。
阳溪腕上两筋陷，偏历腕上三寸良，
温溜腕后上五寸，池前四寸下廉乡。
池下三寸上廉穴，三里池下二寸长，
曲池屈肘纹头是，肘髎肱骨内廉旁。
肘上三寸寻五里，臂臑三角肌下方，
肩髃肩峰举臂取，巨骨肩尖骨陷旁。
天鼎扶下一寸取，扶突肌中结喉旁，
禾髎孔外平水沟，鼻旁唇沟取迎香。

拍打手阳明大肠经（5:00—7:00）

穴位	取穴方法	主治
商阳↓	食指桡侧距指甲角1分许	耳聋、牙痛、咽喉肿痛、肩背痛、手指麻木、发热、哮喘
二间↓	食指掌指关节桡侧前凹陷处，握拳取穴	鼻衄、牙痛、咽喉肿痛、肩背痛、面神经麻痹、发热
三间↓	食指桡侧第二掌骨小头后方凹陷处，握拳取穴	眼痛、下牙痛、三叉神经痛、咽喉肿痛、手指及手背红肿
合谷↓	在手背，第二掌骨桡侧的中点处	头痛、牙痛、鼻炎、咽喉肿痛、耳聋、眼病、面神经麻痹、外感发热、上肢关节痛、偏瘫、滞产、神经衰弱
阳溪↓	腕背横纹桡侧端凹陷处，即当拇指上翘时，拇长、短伸肌腱之间凹陷中	头痛、眼痛、耳聋、耳鸣、牙痛、手腕痛、小儿消化不良

（续表）

穴位	取穴方法	主治
偏历↓	阳溪穴上3寸，或两手虎口交叉，中指尖到达处之桡骨外侧凹陷处	扁桃体炎、面神经麻痹、前臂神经痛、鼻衄、水肿
温溜↓	阳溪穴上5寸，在阳溪穴与曲池穴联线上	口腔炎、腮腺炎、舌炎、肩臂酸痛
下廉↓	曲池穴下4寸	肘臂痛、腹痛、乳腺炎
上廉↓	曲池穴下3寸	肩臂酸痛、上肢麻痹、麻木、肠鸣腹痛
三里↓	曲池穴下2寸	肩臂酸痛、上肢麻痹、腹痛、腹泻
曲池↓	曲肘成90°，肘横纹桡侧头稍外方	上肢关节痛、麻痹、偏瘫、肩背痛、咽喉肿痛、发热、高血压、甲状腺肿大、荨麻疹
肘髎↓	屈肘，在曲池穴斜向上外1寸，近肱骨边缘处	肘臂痛、拘挛、麻木
五里↓	曲池穴上3寸，屈肘取之	肺炎、腹膜炎、肘臂疼痛，颈淋巴结结核
臂臑↓	上臂外侧，三角肌止点稍前处。又法：在三角肌止点上。又法：在三角肌止点稍后处	臂痛、偏瘫、眼病
肩髃↓	臂外展平举，在肩关节上出现两个凹陷，本穴就在前面的凹陷中。或垂肩时锁骨肩峰端直下约2寸的骨缝中	肩臂痛、上肢关节痛、偏瘫、麻痹
巨骨↓	锁骨肩峰端与肩胛岗之间凹陷处	肩臂痛不得屈伸、吐血、颈淋巴结结核
天鼎↓	在颈侧部扶突穴下1寸，当胸锁乳突肌后缘	咽喉肿痛、扁桃体炎、颈淋巴结结核
扶突↓	喉结旁开3寸，胸锁乳突肌的胸骨头与锁骨头之间	咳喘、痰多、咽喉肿痛、臂痛

(续表)

穴位	取穴方法	主治
禾髎↓	人中穴旁开 5 分面	神经麻痹、鼻衄、鼻塞
迎香↓	鼻翼外缘中点旁开 5 分，鼻唇沟中	鼻塞、鼻炎、副鼻窦炎、面神经麻痹

五、拍打胃经

每日辰时（7:00—9:00）为胃经气旺之时，在此时辰内练习功效最佳。

动作一：无极起式。双手叠放在胸下胃的位置上，三性归一，内视胃经内气运行路线，自然呼吸。（图 4–33）

动作二：由静功转化过渡为动功。双手向下缓缓按摩腹部，此时为呼，然后双手恢复原位，此时为吸；全身各部位相随而动，身体重心随动作的升降而变化。如此反复练习。（图 4–34~图 4–36）

图 4–33

图 4–34

图 4–35

图 4–36

动作三：双手臂松垂于体两侧，双脚跟提起，然后快速落地，身体中心随动作的上下变化而动。（图 4–37、图 4–38）

图 4–37

图 4–38

动作四：循胃经内气运行路线进行拍打。（图 4–39~图 4–42）

意念：做动作和拍打时三性归一，以意领气，由胃部始，循胃经运行达至脚第二趾。

功效：参考学习足阳明胃经注解。

图 4–39

图 4–40

图 4–41

图 4–42

胃经歌诀

七足阳明是胃经，起于承泣厉兑停，
胃肠血病与神志，头面热病皮肤病。
承泣下眶边缘上，四白穴在眶下孔，
巨髎鼻旁直瞳子，地仓唇旁四分灵。
大迎颌前寸三陷，颊车咬肌高处迎，
下关张口骨支起，头维四五旁神庭。
人迎结喉旁动脉，水突迎下打筋凭，
气舍胸锁两头间，缺盆锁骨上窝中。
气户锁下一肋上，相去中线四寸平，
库房屋翳膺窗接，都隔一肋乳中停。
乳根乳下一肋处，胸部诸穴君要明，
不容巨阙旁二寸，其下承满与梁门。
关门太乙滑肉门，天枢脐旁二寸平，
外陵大巨水道穴，归来气冲曲骨邻。
髀关髂下平会阴，伏兔膝上六寸中，
阴市膝上方三寸，梁丘膝上二寸呈。
膝外下陷是犊鼻，膝下三寸三里迎，
膝下六寸上巨虚，膝下八寸条口行。
再下一寸下巨虚，条外一指是丰隆，
解溪跗上系鞋处，冲阳跗上动脉凭。
陷谷跖趾关节后，次中趾缝寻内庭，
厉兑次趾外甲角，四十五穴要记清。

拍打足阳明胃经（7:00—9:00）

穴位	取穴方法	主治
承泣↓	眼平视，瞳孔直下，下眼眶边缘上	急性及慢性结膜炎、迎风流泪、近视、远视、散光、视神经炎、视网膜炎、视神经萎缩、白内障
四白↓	眼平视，瞳孔直下 1 寸稍内，当眶下孔部位	面神经麻痹、三叉神经痛、眼病
巨髎↓	眼平视，瞳孔直下与鼻翼下缘水平线交点处	面神经麻痹、鼻衄、牙痛、唇颊肿痛
地仓↓	口角外侧旁开 4 分处	流涎、面神经麻痹
大迎↓	下颌角前凹陷处，颊车穴前 5 分，闭口鼓腮当下颌骨边缘出现沟形处	牙关紧闭、颊肿、牙痛、面神经麻痹
颊车↓	下颌角前上方约一横指，咀嚼时肌肉隆起处	牙痛、腮腺炎、面神经麻痹
下关↓	下颌小头前方，颧弓后下缘凹陷处，闭口取之	牙痛、三叉神经痛、耳聋、耳痛、下颌关节炎、面神经麻痹
头维↓	前发际额角处，相当神庭穴旁开 4.5 寸	偏头痛、目眩、眼痛、迎风流泪
人迎↓	喉结旁开，当胸锁乳突肌前缘，动脉搏动处	高血压、哮喘、咽喉肿痛、发音困难、偏瘫
水突↓	胸锁乳突肌前缘，人迎穴与气舍穴联之中点	咽喉肿痛、哮喘
气舍↓	人迎穴直下，与锁骨上缘相交处	咽喉肿痛、哮喘、项强
缺盆↓	锁骨上凹之中点，约与乳头相对	咽喉肿痛、哮喘、胸膜炎、肋间神经痛
气户↓	锁骨下缘，璇玑穴旁开 4 寸	哮喘、支气管炎、胸背痛、呃逆、呼吸困难
库房↓	第一肋间，华盖穴旁开 4 寸	支气管炎、胸胁胀痛
屋翳↓	第二肋间，紫宫穴旁开 4 寸	支气管炎、胸胁胀痛、哮喘
膺窗↓	第三肋间，玉堂穴旁开 4 寸	咳嗽、哮喘、胸胁痛、肠鸣腹泻、乳腺炎

（续表）

穴位	取穴方法	主治
乳中↓	乳头中央，相当锁骨中线第四肋间下方	胸下满闷、食不下咽、胸痛乳痛、乳瘀、霍乱转筋、寒痛咳逆、臂肋痛
乳根↓	乳头直下，乳房下沟凹陷处，相当第五肋间	乳汁不足、乳腺炎、胸胁痛
不容↓	脐上6寸巨阙穴旁开2寸	胃扩张、肋间神经痛
承满↓	脐上5寸上脘穴旁开2寸	急性及慢性胃炎、胃痛、腹直肌痉挛
梁门↓	脐上4寸中脘穴旁开2寸	溃疡病、急性及慢性胃炎、胃神经官能症
关门↓	脐上3寸建里穴旁开2寸	腹痛、腹胀、食欲不振、肠鸣腹泻、水肿
太乙↓	脐上2寸下脘穴旁开2寸	胃痛、肠疝、遗尿、精神病
滑肉门↓	脐上1寸水分穴旁开2寸	呕吐、胃痛、精神病
天枢↓	脐中旁开2寸	急性及慢性肠炎、痢疾、便秘、肠麻痹
外陵↓	脐下1寸，阴交穴旁开6寸	腹痛、痛经
大巨↓	脐下2寸，石门穴旁开2寸	膀胱炎、腹痛、痢疾、遗精、疝气
水道↓	脐下3寸，关元穴旁开2寸	肾炎、膀胱炎、尿潴留，睾丸炎、痛经、不孕
归来↓	脐下4寸，中极穴旁开2寸	睾丸炎、子宫内膜炎、附件炎、月经不调、子宫脱垂
气冲↓	脐下5寸，曲骨穴旁开2寸	生殖系统疾病
髀关↓	伏兔穴直上6寸，与会阴穴水平线之交点。又法：与阴茎根平齐的大腿前正中处	下肢麻痹、瘫痪、腹股沟淋巴腺炎、腰痛
伏兔↓	髌骨外上缘直上6寸处	下肢瘫痪或麻痹、膝关节炎、荨麻疹
阴市↓	髌骨外上缘直上3寸处	腿膝麻痹、酸痛

(续表)

穴位	取穴方法	主治
梁丘↓	髌骨外上缘上 2 寸凹陷处	胃痛、腹泻、乳腺炎、膝关节痛
犊鼻↓	屈膝，髌骨下，髌韧带外侧凹陷中（即外膝眼）	膝关节炎
足三里↓	外膝下 3 寸，胫骨外侧约 1 横指处	胃炎、溃疡病、腹泻、腹胀、便秘、消化不良、高血压、偏瘫、癫痫、神经衰弱
上巨虚↓	足三里穴下 3 寸	腹痛、腹胀、腹泻、偏瘫
条口↓	上巨虚穴下 3 寸，相当犊鼻穴下 8 寸	膝关节炎、下肢瘫痪
下巨虚↓	上巨虚穴下 3 寸，相当犊鼻穴下 9 寸	急性及慢性肠炎、下肢瘫痪、肋间神经痛
丰隆↓	外踝上 8 寸，相当外膝眼与外踝尖连线的中点，胫骨前缘外开二横指处，胫、腓骨之间	咳嗽痰多、偏瘫、咽喉肿痛、精神病
解溪↓	踝关节前横纹中央，两筋之间，与外踝尖平齐	踝关节痛、足下垂、头痛
冲阳↓	解溪穴下 1.5 寸，相当足背最高处，有动脉应手	足背痛、下肢瘫痪、牙痛、齿龈炎
陷谷↓	第二、第三跖骨接合部前方凹陷处	颜面浮肿、水肿、肠鸣腹痛、足背肿痛
内庭↓	足背第二、第三趾缝间，趾蹼缘后 5 分处	胃痛、头痛、牙痛、扁桃体炎、痢疾
厉兑↓	第二趾甲外侧，距甲角 1 分许	面神经瘫痪、鼻衄、牙痛、扁桃体炎、消化不良、神经衰弱

六、拍打脾经

每日巳时（9:00—11:00）为脾经气旺之时，在此时辰内练习功效最佳。

动作一：无极起式。双手掌心朝上，五指相对于腹前，三性归一，内视脾经内气运行路线，自然呼吸。（图 4–43）

图 4–43

动作二：由静功转化过渡为动功。左掌外旋，徐徐上托至头顶上方，同时右掌内旋，缓缓下按至胳膊自然直，此时为呼；然后，左手内旋，变成掌心朝下从身体前缓缓下降，同时右手回旋，变成掌心朝上徐徐上升，两手恢复至初始动作，此时为吸；翻转双掌心朝下，由胸前缓缓向下按至腹下后，双手自然垂落于身体两侧；全身各部位相随而动，身体重心随动作的升降而变化，在两腿之间转换，然后再换手反复练习。（图 4–44~图 4–46）

图 4–44

图 4–45

图 4–46

动作三：循脾经内气运行路线进行拍打。（图 4–47~图 4–50）

图 4–47

图 4–48

图 4–49

图 4–50

意念：做动作和拍打时，三性归一，以意领气由脾脏始，循脾经运行达至脚拇趾。

功效：参考学习足太阴脾经注解。

脾经歌诀

八足太阴是脾经，起于隐白大包终，
遍治五脏和生殖，血舌肠腹及尿频。

大趾内角隐白注，大都节前陷中寻，
太白节后白肉际，基底前下是公孙。
商丘内踝前下找，踝上三寸三阴交，
踝上六寸漏谷是，陵下三寸地机朝。
膝内辅下阴陵泉，血液股内肌头间，
箕门鱼腹大筋内，冲门耻骨上边缘。
冲上斜七是府舍，再上三寸腹结连，
脐旁四寸大横穴，大横正在脐两边。
腹哀建里旁四寸，中庭旁六食窦全，
天溪胸乡周荣上，四肋三肋二肋间。
大包腋下方六寸，腋中线上六肋间。

拍打太阴脾经（9:00—11:00）

穴位	取穴方法	主治
隐白↓	足大趾内侧，距趾甲角1分许	腹胀、崩漏、多梦、惊风、精神病
大都↓	足拇趾内侧，第一跖趾关节前下方赤白肉际	腹胀、腹痛、高热无汗
太白↓	足内侧，第一跖骨小头的后下方赤白肉际	胃痛、腹胀、痢疾、便秘、吐泻
公孙↓	足内侧，第一跖骨基底之前下凹陷处赤白肉际	胃痛、消化不良、呕吐、腹泻、痛经
商丘↓	内踝前下方凹陷处相当舟骨粗隆与内踝尖连线之中点	胃炎、肠炎、消化不良，足踝部疼痛
三阴交↓	内踝尖上3寸，胫骨后缘	月经不调、痛经、白带多、崩漏、遗精、阳痿、早泄、盆腔炎、睾丸炎、遗尿、尿频、尿闭、腹痛、腹泻、消化不良、偏瘫、神经衰弱
漏谷↓	胫骨后缘，三阴交上3寸凹陷处	腹胀、肠鸣、腿膝厥冷、麻痹

（续表）

穴位	取穴方法	主治
地机↓	阴陵泉下 3 寸，胫骨后缘	腰痛、腹胀、痛经、月经过多、遗精
阴陵泉↓	屈膝，胫骨内髁下缘凹陷处，与胫骨后缘	腹痛、水肿、小便不利、遗尿、月经不调、痢疾遗精、
血海↓	正坐屈膝，髌骨内上缘上 2 寸，当股内侧肌内侧缘	月经不调、功能性子宫出血、荨麻疹
箕门↓	髌骨内上缘直上 8 寸，相当血海穴上 6 寸处	小便不通、遗尿、腹股沟淋巴结炎
冲门↓	耻骨联合上缘正中旁开约 3.5 寸	睾丸炎、精索痛、子宫内膜炎、疝气
府舍↓	冲门穴斜上 7 分，前正中线旁开 4 寸	腹痛、疝气、阑尾炎、便秘
腹结↓	大横穴下 1.3 寸，前正中线旁开 4 寸	脐周痛、疝气、腹泻
大横↓	脐中旁开 4 寸	腹胀、便秘、肠麻痹、腹泻、下腹痛、肠寄生虫病
腹哀↓	大横穴上 3 寸，前正中线旁开 4 寸	腹痛、消化不良、便秘、痢疾
食窦↓	第五肋间，前正中线旁开 6 寸	胸胁胀痛
天溪↓	第四肋间，前正中线旁开 6 寸	胸痛、咳嗽、乳腺炎、乳汁不足
胸乡↓	第三肋间，前正中线旁开 6 寸	胸胁胀痛
周荣↓	第二肋间，前正中线旁开 6 寸	胸胁胀痛、咳嗽
大包↓	腋中线直下第六肋间处	胸胁痛、气喘、全身疼痛，四肢无力

七、拍打心经

每时午时（11:00—13:00）为心经气旺之时，在此时辰内练功效果最佳。

动作一：无极起式。双手相合于胸前，三性归一，内视心经内气运行路线，自然呼吸。（图 4–51、图 4–52）

图 4–51

图 4–52

动作二：由静功转化过渡为动功。双手分开，在身体前沿顺时针方向旋转一周，同时向左转体 90°，双手相合于胸前，此时为吸；双手缓缓前伸至自然直，身体重心由右腿逐渐过渡到左腿，此时为呼；双手分开，沿逆时针方向旋转一周，同时向右转体 180°，双手相合于胸前，此时为吸；然后双手前伸至胳膊自然直，身体重心由左腿逐渐过渡到右腿，此时为呼；全身各部位相随而动，如此反复练习。（图 4–53~图 4–56）

图 4–53

图 4–54

图 4–55

图 4–56

动作三：循心经内气运行路线进行拍打。（图 4–57~图 4–59）

图 4–57

图 4–58

图 4–59

意念：做动作和拍打时，三性归一，以意领气由心脏开始，循心经运行达至手小指。

功效：参考学习手太阴心经注解。

心经歌诀

一手少阴是心经，止于少冲起极泉，
神志血病痛痒疮，烦热悸汗皆有关。
极泉腋窝动脉览，青灵肘上三寸牵，
少海肘后五分连，灵道掌后一寸半。
通里腕后一寸同，阴郄腕后半寸间，
神门掌后锐骨端，尺屈肌腱桡侧缘。
少府四五掌骨后，少冲小指内侧边。

拍打手少阴心经（11:00—13:00）

穴位	取穴方法	主治
极泉↓	腋窝正中，腋动脉内侧	胁肋疼痛、心痛、肘臂疼痛
青灵↓	少海穴上3寸	胁痛、肩臂痛
少海↓	屈肘，肘横纹尺侧端与肱骨内上髁之间	肋间神经痛、尺神经痛
灵道↓	掌后尺侧，神门穴上1.5寸	心痛、尺神经痛、癔病
通里↓	神门穴上1寸	癔病性失语、心痛、腕臂痛、神经衰弱
阴郄↓	神门穴上5分	神经衰弱、心痛、心悸、盗汗、肺结核
神门↓	仰掌，腕横纹尺侧端稍上方凹陷处	多梦、失眠、心慌、心跳、癔病
少府↓	握拳时小指与无名指的指尖之间所对的掌心，在四、五掌骨之间	心悸、胸痛、阴痒、小便不利、遗尿、掌中热
少冲↓	小指桡侧，距甲角1分许	心悸、胸痛、中风昏迷

八、拍打小肠经

每日未时（13:00—15:00）为小肠经气旺之时，在此时辰内练功效果最佳。

动作一：无极起式。双手叠放在腹部小肠的位置上，三性归一，内视小肠经内气运行路线，自然呼吸。（图 4–60）

动作二：由静功转化过渡为动功。双手沿顺时针方向旋转一周，如此反复练习后，双手沿逆时针方向旋转一周；全身各部位相随而动，身体重心随动作的变化，在两腿之间转换，自然呼吸。如此反复练习。（图 4–61~图 4–63）

图 4–60

图 4–61

图 4–62

图 4–63

动作三：双手臂松垂于体两侧，右脚上前一步，双手臂向前后甩动；身体重心随动作的变化而转换。如此反复练习。然后，再换腿练习。（图 4–64~图 4–66）

图 4–64

图 4–65

图 4–66

动作四：循小肠经内气运行路线进行拍打。（图 4–67~图 4–71）

图 4–67

图 4–68

图 4–69

图 4–70

图 4–71

意念：做动作和拍打时，三性归一，以意领气由小肠开始，循小肠经运行达至手小指。

功效：参考手太阳小肠经注解。

小肠经歌诀

九手太阳小肠经，少泽听宫起止详，
耳目神志及头项，液病痈肿热痒疮。
少泽小指内甲角，前谷泽后节前方，
后溪握拳节后取，腕骨腕前骨陷当。
阳谷三角骨后取，养老转手髁空藏，
支正腕后上五寸，小海二骨之中央。
肩贞纹头上一寸，臑腧贞上骨下方，
天宗岗下窝中取，秉风胛上骨边量。
曲垣胛岗内上缘，陶道旁三外腧章，
大椎旁二中腧穴，天窗扶后大筋旁。
天容耳下曲颊后，颧髎颧骨下廉乡，
听宫之穴归何处，耳屏中前陷中央。

拍打手太阳小肠经（13:00—15:00）

穴位	取穴方法	主治
少泽↓	小指尺侧距甲角 1 分许	头痛、眼病、乳腺炎、乳汁不足
前谷↓	第五掌指关节尺侧凹陷处，握拳时掌指关节前之横纹头赤白肉际	臂痛、手指麻木、热病、目翳、耳鸣、喉痹
后溪↓	半握拳，第五掌骨小头后方掌横纹头	肩背痛、头顶痛、聋哑、肋间神经痛、腰痛
腕骨↓	手背尺侧，第五掌骨与钩骨豌豆骨之间凹陷处	腕、肘及指关节炎、头痛

(续表)

穴位	取穴方法	主治
阳谷↓	腕背横纹尺侧端凹陷处	臂外侧痛、颈颌肿痛、手腕痛、精神病、热病、耳聋、耳鸣
养老↓	屈肘，掌心对胸，尺骨小头桡侧缘上 2 分骨缝中	上肢关节痛、肩背痛、后头痛、落枕、偏瘫
支正↓	腕背横纹尺侧端上 5 寸，阳谷穴与小海穴的连线上	项强，肘、臂、手指痛，精神病
小海↓	肘关节后，屈肘，尺骨鹰咀与肱骨内上髁之间	项强、肩背痛、颊肿、癫痫
肩贞↓	垂臂合腋，在腋后皱襞尽头上 1 寸	肩胛痛、手臂不能高举、耳鸣、耳聋
臑腧↓	肩贞穴直上，肩胛骨肩峰突起之后下缘凹陷处	肩臂疼痛无力
天宗↓	肩胛岗下窝的中央，约与臑腧、肩贞穴成三角形	肩臂痛、肘臂痛
秉风↓	肩胛岗上窝的中央，天宗穴直上，举臂时成凹陷处	肩胛疼痛、上肢痰
曲垣↓	肩胛岗上窝的内侧端，滕腧穴与第二胸椎棘突连线之中点	肩胛拘挛、疼痛
肩外腧↓	第一胸椎棘突下旁开 3 寸	肩胛痛
肩中腧↓	大椎穴旁开 2 寸处	肩背痛、落枕、支气管炎、哮喘
天窗↓	喉结旁开 3.5 寸，胸锁乳突肌后缘扶突穴后 5 分	耳聋、耳鸣、咽喉肿痛、颈项强痛
天容↓	耳垂下，下颁角后方，胸锁乳突肌之前	扁桃体炎、咽喉肿痛、发音困难
颧髎↓	目外眦角直下，颧骨下缘凹陷处	面神经麻痹、牙痛
听宫↓	耳屏中点前缘与颌关节之间凹陷处，微张口取之	耳聋、耳鸣、中耳炎、外耳道炎、幻听

九、拍打膀胱经

每日申时（15:00—17:00）为膀胱经气旺之时，在此时辰内练功效果最佳。

动作一：无极起式。双手相合，手指尖朝下，放在腹下膀胱的位置上，三性归一，内视膀胱经内气运行路线，自然呼吸。（图 4–72）

图 4–72

动作二：由静功转化过渡为动功。双手向上行至头上，此时为吸；然后，变为双手背相合，手指尖朝下，由头部、胸部向下至膀胱处后双手分开，顺双腿外侧向下行至膝下，此时为呼；身体重心相随而动。如此反复练习。（图 4–73~图 4–78）

图 4–73

图 4–74

图 4–75

图 4-76

图 4-77

图 4-78

动作三：循膀胱经内气运行路线进行拍打。(图 4-79~图 4-83)

图 4-79

图 4-80

图 4-81

图 4-82

图 4-83

意念：做动作和拍打时，三性归一，以意领气由膀胱始，循膀胱经运行达至脚小趾。

功效：参考学习足太阳膀胱经注解。

膀胱经歌诀

十二膀胱足太阳，起于睛明终至阴，
脏腑神志皮肤病，表下头腰筋痔凭。
内眦稍上是睛明，眉中陷中攒竹停，
眉冲竹上旁神庭，曲差眉冲边上行。
五处紧紧跟曲差，直后正对上星平，
承光通天络却跟，相距俱是寸半程。
玉枕筋外发际陷，再下脊旁寸半循，
第一大杼二风门，三椎肺腧四厥阴。
心五督六膈腧七，九肝十胆仔细寻，
十一脾腧十二胃，十三三焦十四肾。
气海十五大肠六，七八关元小肠分，
十九旁观廿中膂，廿一椎旁白环生。
上次中下四髎穴，骶骨两旁骨陷中，
尾骨之旁会阳穴，第二侧线要分清。
旁开三寸二侧线，第二椎下为附分，
三椎魄户四膏肓，五椎神堂六譩譆。
七椎膈关九魂门，第十平胆阳纲临，
十一意舍之穴存，十二胃仓穴已分。
十三肓门四志室，十九胞肓廿秩边，
承扶臀下平横纹，承下六寸是殷门。
浮郄委阳上一寸，委阳腘窝外延行，
委中腘窝横纹里，纹下二寸寻合阳。

承筋合下腓肠中，承山腘下分肉寻，
飞扬外踝上七寸，跗阳踝上三寸寻。
昆仑外踝骨后陷，仆参跟骨外下中，
踝下五分申脉是，踝前骰陷金门中。
大骨外侧寻京骨，关节之后束骨邻，
通欲节前陷中是，小趾外甲角至阴。
六十七穴分三段，头后中外次第行。

拍打足太阳膀胱经（15:00—17:00）

穴位	取穴方法	主治
睛明↓	眼内眦内 1 分许	急性及慢性结膜炎、迎风流泪、近视、远视、散光、视神经炎、视网膜炎、视神经萎缩、白内障
攒竹↓	眉头内侧凹陷处	头痛、流泪、目赤肿痛、视物不清、角膜白斑
眉冲↓	攒竹穴直上入前发际 5 分处	头痛、眩晕、眼病、癫痫
曲差↓	神庭穴旁开 1.5 寸，入前发际 5 分处	前头痛、目眩、鼻塞、鼻衄
五处↓	曲差穴后 5 分	头痛、目眩、癫痫
承光↓	五处穴后 1.5 寸	头痛、眩晕角膜白斑、感冒
通天↓	承光穴后 1.5 寸	头顶痛、副鼻窦炎、鼻炎
络却↓	通天穴后 1.5 寸	鼻炎、鼻塞、鼻衄、头顶痛、慢性支气管炎
玉枕↓	络却穴后 4 寸，脑户穴旁开 1.3 寸处	眩晕、头顶痛、近视
天柱↓	哑门穴旁开 1.3 寸，入后发际 5 分凹陷处	后头痛、颈项强痛、咽喉痛、神经衰弱、癔病
大杼↓	第一胸椎棘突下旁开 1.5 寸处	支气管炎、肺炎、胸膜炎、落枕、肩背痛、骨结核、关节炎、肢体麻木
风门↓	第二胸椎棘突下旁开 1.5 寸处	感冒、支气管炎、荨麻疹

（续表）

穴位	取穴方法	主治
肺腧↓	第三胸椎棘突下旁开 1.5 寸处	支气管炎、肺炎、肺结核、感冒
厥阴腧↓	第四胸椎棘突下旁开 1.5 寸处	神经衰弱、胸闷、胸痛、心包炎、呃逆
心腧↓	第五胸椎棘突下旁开 1.5 寸处	心律不整、心慌心跳、神经衰弱、心绞痛、癔病
督腧↓	第六胸椎棘突下旁开 1.5 寸处	心内膜炎、肠鸣腹痛、呃逆
膈腧↓	第七胸椎棘突下旁开 1.5 寸处	慢性出血性疾患、贫血、呃逆、神经性呕吐、荨麻疹
肝腧↓	第九胸椎棘突下旁开 1.5 寸处	肝病、胃病、眼病、神经衰弱、肋间神经痛
胆腧↓	第十胸椎棘突下旁开 1.5 寸处	胆囊炎、肝炎
脾腧↓	第十一胸椎棘突下旁开 1.5 寸处	胃炎、溃疡病、肝炎、肠炎、消化不良、浮肿、荨麻疹、慢性出血性疾病、肢体乏力
胃腧↓	第十二胸椎棘突下旁开 1.5 寸处	胃炎、溃疡病、肝炎、肠炎、消化不良、胃下垂
三焦腧↓	第一腰椎棘突下旁开 1.5 寸处	胃痛、消化不良、肠炎、肾炎、神经衰弱、腰痛、遗尿
肾腧↓	第二腰椎棘突下旁开 1.5 寸处	腰痛、遗精、遗尿、阳萎、月经不调、慢性盆腔炎、肾炎、神经衰弱
气海腧↓	第三腰椎棘突下旁开 1.5 寸处	腰痛、痛经、痔疮
大肠腧↓	第四腰椎棘突下旁开 1.5 寸处	肠炎、痢疾、便秘、腰痛
关元腧↓	第五腰椎棘突下旁开 1.5 寸处	腰痛、肠炎、膀胱炎、附件炎、遗尿、消渴
小肠腧↓	平第一骶骨孔，后正中线旁开 1.5 寸处，相当于髂后上棘内缘与骶骨间凹陷处	坐骨神经痛、腰痛、遗精、遗尿、肠炎、便秘、盆腔炎
膀胱腧↓	平第二骶骨孔，后正中线旁开 1.5 寸处	膀胱炎、腰骶痛、坐骨神经痛、腹泻、便秘、糖尿病

（续表）

穴位	取穴方法	主治
中膂腧↓	平第三骶后孔，后正中线旁开 1.5 寸处	肠炎、腰骶痛、坐骨神经痛
白环腧↓	平第四骶后孔，后正中线旁开 1.5 寸处	坐骨神经痛、腰骶痛、子宫内膜炎
上髎↓	第一骶后孔中	睾丸炎、附件炎、月经不调、小便不利等泌尿生殖系统疾病，下腰痛、坐骨神经痛、痔疮、神经衰弱
次髎↓	第二骶后孔中	睾丸炎、附件炎、月经不调、小便不利等泌尿生殖系统疾病，下腰痛、坐骨神经痛、痔疮、神经衰弱
中髎↓	第三骶后孔中	睾丸炎、附件炎、月经不调、小便不利等泌尿生殖系统疾病，下腰痛、坐骨神经痛、痔疮、神经衰弱
下髎↓	第四骶后孔中	睾丸炎、附件炎、月经不调、小便不利等泌尿生殖系统疾病，下腰痛、坐骨神经痛、痔疮、神经衰弱
会阳↓	尾骨下端距正中线旁开约 5 分处	经期腰痛、白带过多、阳萎、腹泻、痔疮
承扶↓	臀下横纹中央	腰背痛、坐骨神经痛、臀部疮疡、痔疮、便秘、尿闭
殷门↓	承扶穴与委中穴线中点上 1.5 寸处	腰背痛、坐骨神经痛、下肢麻痹、瘫痪
浮郄↓	委阳穴上 1 寸	膀胱炎、便秘、尿闭、下肢外侧麻痹
委阳↓	屈膝，腘窝横纹外端两筋间	腓肠肌痉挛、腰背痛
委中↓	腘窝横纹中央	腰背痛、腿痛、坐骨神经痛、半身不遂

（续表）

穴位	取穴方法	主治
附分↓	第二胸椎棘突下旁开 3 寸处	肩项强痛、肋间神经痛、肘臂麻木
魄户↓	第三胸椎棘突下旁开 3 寸处	支气管炎、哮喘、胸膜炎、呕吐、肩胛痛、肺结核
膏肓↓	第四胸椎棘突下旁开 3 寸处	肺结核、胸膜炎、支气管炎、神经衰弱，久病体弱
神堂↓	第五胸椎棘突下旁开 3 寸处	心脏病、支气管炎、哮喘、肩背痛
谚譆↓	第六胸椎棘突下旁开 3 寸处	心包炎、肋间神经痛、呃逆、呕吐、眩晕、哮喘
膈关↓	第七胸椎棘突下旁开 3 寸处	肋间神经痛、呕吐、呃逆、项背强痛
魂门↓	第九胸椎棘突下旁开 3 寸处	肝病、胸膜炎、心内膜炎、胃痛、消化不良
阳纲↓	第十胸椎棘突下旁开 3 寸处	腹泻、肠鸣、腹痛、黄疸
意舍↓	第十一胸椎棘突下旁开 3 寸处	背痛、腹胀、消化不良、肝病、呕吐
胃仓↓	第十二胸椎棘突下旁开 3 寸处	胃痛、呕吐、腹胀、便秘、脊背痛
肓门↓	第一腰椎棘突下开 3 寸处	上腹痛、便秘、乳腺炎
志室↓	第二腰椎棘突下旁开 3 寸处	遗精、阳萎、小便不利、水肿、腰脊强痛
胞肓↓	第二骶椎棘突下旁开 3 寸处	肠炎、腹胀、腰背痛、尿潴留
秩边↓	第四骶椎棘突下开 3 寸处	膀胱炎、痔疮、下腰痛、坐骨神经痛、下肢瘫痪、麻木
合阳↓	委中穴直下 2 寸，在委中穴与承山穴线上	腰腿痛、下肢麻痹
承筋↓	合阳穴与承山穴连线的中点，腓肠肌、肌腹中	小腿痛、痔疮、腰背强痛

（续表）

穴位	取穴方法	主治
承山↓	用力伸足，在小腿后面正中出现“人”字的凹陷处，即是本穴。如“人”字不显，可从委中穴与昆仑穴连线的中点处取之	腓肠肌痉挛、腰背痛、腿痛、瘫痪、脱肛、痔疮
飞扬↓	外踝后昆仑穴上 7 寸	目痛、目眩、腰腿痛、肾炎、膀胱炎、小腿无力
跗阳↓	外踝后昆仑穴上 3 寸	头痛、腰骶痛、踝部肿痛
昆仑↓	外踝尖与跟腱联线中点	脚跟痛、下肢瘫痪、坐骨神经痛、腰背痛、头项强痛
仆参↓	外踝后下方，昆仑穴直下 1.5 寸，跟骨旁凹陷处	踝跟部疼痛、下肢痿软无力
申脉↓	外踝下缘下 5 分凹陷处	踝关节痛、腰腿痛、下肢无力、头痛、眩晕、美尼尔氏症、癫痫
金门↓	外踝前下方，第五跖骨粗隆后方凹陷处	踝关节痛、腰腿痛、小儿惊风、癫痫
京骨↓	第五跖骨粗隆外侧凹陷处	头痛、项强、目眩、腰腿痛、癫痫
束骨↓	第五跖骨小头后外侧凹陷处	头痛、项强、目眩、腰腿痛、癫痫
通谷↓	第五跖趾关节前外侧凹陷	头痛、项强、目眩、鼻衄
至阴↓	足小趾外侧距甲角 1 分许	胎位不正、难产

十、拍打肾经

每日酉时（17:00—19:00）为肾经气旺之时，在此时辰内练功效果最佳。

动作一：无极起式。双手放在腰部肾的位置上，三性归一，内视肾经内气运行路线，自然呼吸。（图 4–84）

图 4–84

动作二：由静功转化过渡为动功。双手沿腰运行至腹前，掌心朝下，顺左腿缓缓降至左脚，此时为呼；然后，掌心朝上，顺左腿徐徐上升至腹部，此时为吸；稍停片刻，再换右腿练习，全身各部位相随而动，并随动作的升降而变化，身体重心随动作的变化在两腿之间转换。如此反复练习。（图 4–85~图 4–88）

图 4–85

图 4–86

图 4–87

图 4–88

动作三： 循肾经内气运行路线进行拍打。（图 4-89~图 4-93）

意念： 做动作和拍打时，三性归一，以意领气，由肾脏始，循肾经运行达到脚心涌泉穴。

功效： 参考学习足少阴肾经注解。

图 4-89

图 4-90

图 4-91

图 4-92

图 4-93

肾经歌诀

六足少阴肾经属，起于涌泉止腧府，
肝心脾肺膀胱肾，肠腹泌尿生殖喉。
足心凹陷为涌泉，舟骨之下是然谷，
太溪内踝跟腱间，大钟溪泉稍后主。
水泉太溪下一寸，照海踝下四分处，
复溜踝上二寸取，交信溜前胫骨后。
踝上五寸寻筑宾，膝内两筋取阴谷，

从腹中线开半寸，横骨平取曲骨沿。
大赫气穴并四满，中注肓腧平脐看，
商曲又凭下脘取，石关阴都通谷言。
幽门适当巨阙侧，诸穴相距一寸连，
再从中线开二寸，穴穴均在肋隙间。
步廊却近中庭穴，神封灵墟神藏间，
彧中腧府平璇玑，都隔一肋仔细研。

拍打足少阴肾经（17:00—19:00）

穴位	取穴方法	主治
涌泉↓	足底（不包括足趾）前、中1/3交界处，当第二、三趾跖关节后方，蹠足时呈凹陷处	头顶痛、小儿抽搐、昏迷、中暑、脑溢血、癔病、癫痫
然谷↓	足内踝前下方，舟状骨前下凹陷处	膀胱炎、月经不调、糖尿病、咽喉肿痛
太溪↓	内踝尖与跟腱连线的中点	肾炎、膀胱炎、遗尿、月经不调、下肢瘫痪
大钟↓	内踝后下方，跟腱附着部的内侧，太溪穴下5分稍后处	神经衰弱、癔病、咳血、哮喘、小便不利、便秘、足跟痛
水泉↓	太溪穴直下1寸，跟骨结节内侧前上部凹陷处	月经不调、子宫脱垂、小便不利、近视
照海↓	内踝尖直下1寸处	月经不调、子宫脱垂、扁桃体炎、神经衰弱、癫痫
复溜↓	太溪穴直上2寸	肾炎、睾丸炎、盗汗、腹泻、腰痛
交信↓	内踝尖上2寸，胫骨内侧缘内方	月经不调、崩漏、泄泻、便秘、睾丸肿痛
筑宾↓	太溪穴直上5寸胫骨内侧缘后约2寸	腓肠肌痉挛、癫痫、精神病
阴谷↓	正坐屈膝，腘窝横纹内侧端，两筋间取之	膝痛、下腹胀痛、生殖系统疾患
横骨↓	脐下曲骨穴旁开5分	小便不利、疝痛、遗尿、遗精、阳痿

（续表）

穴位	取穴方法	主治
大赫↓	横骨穴上1寸，中极穴旁开5分	阴部痛、遗精、白带过多
气穴↓	横骨穴上2寸，关元穴旁开5分	月经不调、腹泻
四满↓	横骨穴上3寸，石门穴旁开5分	崩漏、产后腹痛、腹泻
中注↓	脐下1寸，阴交穴旁开5分	月经不调、小腹痛、便秘
肓腧↓	脐中旁开5分	黄疸、胃痛、疝痛、便秘、痛经
商曲↓	肓腧穴上2寸，下脘穴旁开5分	胃痛、疝痛、腹膜炎、食欲不振
石关↓	肓腧穴上3寸，建里穴旁开5分	胃痛、呃逆、便秘、产后腹痛
阴都↓	肓腧穴上4寸，中脘穴旁开5分	肠鸣、腹胀、腹痛
通谷↓	肓腧穴上5寸，上脘穴旁开5分	呕吐、腹泻、腹胀、腹痛
幽门↓	肓腧穴上6寸，巨阙穴旁开5分	胸痛、嗳气、呕吐、腹泻
步廊↓	中庭穴旁开2寸，第五肋间处	肋间神经痛、胸膜炎、支气管炎
神封↓	膻中穴旁开2寸，第四肋间处	肋间神经痛、胸膜炎、支气管炎、乳腺炎
灵墟↓	玉堂穴旁开2寸，第三肋间处	胸胁痛、咳喘、呕吐、乳腺炎
神藏↓	紫宫穴旁开2寸，第二肋间处	咳喘、呕吐、肋间神经痛
彧中↓	华盖穴旁开2寸，第一肋间处	咳喘、胸痛、呕吐
腧府↓	璇玑穴旁开2寸，锁骨内端下缘凹陷处	咳喘、胸痛、呕吐

十一、拍打心包经

每日戌时（19:00—21:00）为心包经气旺之时，在此时辰内练功效果最佳。

动作一：无极起式。右腿在前，左腿在后，身体重心在左腿，双腿弓屈；右手抬至与右肩平，掌心朝前，胳膊弯曲，左

手自然垂落于左胯旁，掌心朝下，三性归一，内视心包经内气运行路线进行，自然呼吸。（图 4–94）

动作二：由静功转化过渡为动功。右掌缓缓收回体前，此时为吸；然后再向前缓缓推出，身体重心由左腿逐渐过渡到右腿，此时为呼；全身各部位相随而动。如此反复练习后，再换左手左腿练习。（图 4–95~图 4–98）

图 4–94

图 4–95

图 4–96

图 4–97

图 4–98

动作三： 循心包经内气运行路线进行拍打。（图 4–99~图 4–101）

图 4–99

图 4–100

图 4–101

意念： 做动作和拍打时，三性归一，以意领气由心脏始，循心包经达至手中指。

功效： 参考学习手厥阴心包经注解。

心包经歌诀

二手厥阴心包经，起于天池中冲尽，
心胸肺胃效皆好，吐泻痒疮亦可寻。
天池乳外旁一寸，天泉腋下二寸循，
曲泽肘内横纹上，郄门去腕五寸寻。
间使腕后方三寸，内关掌后二寸停，
掌后纹中大陵在，两条肌腱标准明。
劳宫屈指掌心取，中指末端是中冲。

拍打手厥阴心包经（19:00—21:00）

穴位	取穴方法	主治
天池↓	乳头外 1 寸，第四肋间处	胸胁痛、腋下肿痛
天泉↓	腋前皱襞尽头下 2 寸处，肱二头肌的两头之间	胸胁痛、咳嗽、背及上臂内侧痛
曲泽↓	在肘横纹上，肱二头肌腱尺侧缘	心悸、心痛、肘臂痛、手颤
郄门↓	腕横纹正中直上 5 寸，两筋之间	心动过速、心绞痛、胸膜炎、乳腺炎、神经衰弱
间使↓	内关穴上 1 寸，两筋之间	心慌、心跳、胃痛、呕吐、热病、疟疾、癫痴、臂痛
内关↓	腕横纹正中直上 2 寸，两筋之间	胸胁痛、胃痛、心慌、心跳、呃逆、恶心、呕吐、哮喘、咽喉肿痛、癔病、癫痫
大陵↓	腕关节掌侧第一横纹正中，两筋之间	心肌炎、肋间神经痛、扁桃体炎、精神病
劳宫↓	握拳中指指尖对掌心处（在二、三掌骨之间）	胁痛、中风昏迷、中暑、小儿惊风、精神病、癔病
中冲↓	中指尖中央，距指甲约 1 分许	心绞痛、头痛、休克、耳鸣

十二、拍打三焦经

每日亥时（21 : 00 — 23 : 00）为三焦经气旺之时，在此时辰内练功效果最佳。

动作一：无极起式。右掌心朝下于胸前，左掌心朝上于小腹前，两掌心上下相对，三性归一，内视三焦经内气运行路线，自然呼吸。（图 4–102）

图 4–102

动作二：由静功转化过渡为动功。双手沿顺时针方向旋转一周，如此反复练习后，双手沿逆时针方向旋转一周；全身各部位相随而动，身体重心随动作的变化在两腿之间转换，自然呼吸。如此反复练习。（图 4–103~图 4–105）

图 4–103

图 4–104

图 4–105

动作三：循三焦经内气运行路线进行拍打。（图 4–106~图 4–111）

图 4–106

图 4–107

图 4–108

图 4-109

图 4-110

图 4-111

意念： 做动作和拍打时，三性归一，以意领气由三焦部位始，循三焦经运行达至手无名指。

功效： 参考学习手少阳三焦经注解。

三焦经歌诀

十一三焦手少阳，起关冲止丝竹空，
头侧耳目热神志，腹胀水肿遗尿癃。
关冲无名指甲内，液门握拳指缝讨，
中渚液门上一寸，阳池腕表有陷凹。
腕上二寸取外关，支沟腕上三寸安，
会宗三寸尺骨缘，三阳络在四寸间。
肘下五寸寻四渎，肘上一寸天井见，
肘上二寸清冷渊，消泺渊臑正中间。
臑会肩端下三寸，肩髎肩峰后凹陷，
天髎肩井后一寸，天牖平颌肌后缘。
乳突颌角取翳风，瘈脉耳后青络找，

颅息亦在青络上，角孙耳上发际标。
耳门耳前缺陷处，和髎耳机动脉要，
欲寻丝竹空何在，眼眶外缘上眉梢。

拍打手少阳三焦经（21:00—23:00）

穴位	取穴方法	主治
关冲↓	无名指尺侧端，距指甲角约1分许	头痛、咽喉肿痛、发热、肘臂痛不能举
液门↓	第四、五指缝间，指蹼缘后5分许	头痛、结膜炎、耳聋、咽喉肿痛、手臂痛、疟疾
中渚↓	半握拳，手背第四、五掌骨间，液门穴后1寸许	聋哑、耳鸣、肩背痛
阳池↓	腕背横纹中央稍偏尺侧凹陷处，指总伸肌腱尺侧	手腕痛、肩背痛、疟疾
外关↓	背横纹正中上2寸，两骨之间	上肢关节痛、麻痹、偏瘫、腮腺炎、耳聋、耳鸣、落枕
支沟↓	外关穴上1寸	肩臂酸痛、便秘
会宗↓	支沟穴尺侧旁开约1横指，尺骨的桡侧缘	耳聋、上肢痛、癫痫
三阳络↓	支沟穴上1寸，两骨之间	耳聋、臂痛、失语
四渎↓	尺骨鹰嘴下5寸，两骨之间	前臂痛、上肢瘫痪、耳聋、齿痛、肾炎
天井↓	尺骨鹰嘴上方，屈肘时呈凹陷处	偏头痛、胸臂痛、颈肩痛、瘰疬
清冷渊↓	天井穴上1寸，屈肘取之	肩臂痛
消泺↓	清冷渊与臑会穴联线之中点。又法：肘尖上6寸	头痛、颈项强痛、臂痛
臑会↓	在肩髎穴与尺骨鹰嘴联线上，当三角肌止点后缘处	肩臂痛
肩髎↓	肩峰的后下际，上臂外展平举，肩髃穴后约1寸的凹陷处	肩痛、臂痛不能举

（续表）

穴位	取穴方法	主治
天髎↓	肩峰突起与大椎穴联线之中点，肩井穴后约1寸	肩臂痛、臂痛不能举、肩胛痛、颈项部疼痛
天牖↓	乳突后下方，胸锁乳突肌后缘与下颌角相平处	耳聋、项强、偏头痛
翳风↓	乳突前下方凹陷处，与耳垂平齐，张口取之	耳聋、耳鸣、面神经麻痹
瘛脉↓	耳后，乳突中央，翳风穴与角孙穴沿耳轮联线的中、下1/3交界处	耳聋、耳鸣、头痛
颅息↓	瘛脉上1寸	耳鸣、呕吐、中耳炎
角孙↓	耳壳向前曲折，耳尖正上方入发际处	面部红肿、角膜云翳、牙痛
耳门↓	听官穴上方，与耳屏上切迹相平处，张口取之	耳聋、耳鸣、中耳炎、牙痛
和髎↓	耳门穴之前上方，平耳壳根前，发鬓后际，颞浅动脉搏动处稍后	耳鸣、头痛、牙关紧闭、面神经麻痹
丝竹空↓	眉梢外侧端凹陷处	偏头痛、眼病、面神经麻痹

十三、拍打任督二脉

动作一：无极起式。舌抵上腭（搭鹊桥），三性归一，内视任督二脉内气运行路线，自然呼吸。（图4–112）

图4–112

动作二：由静功转化过渡为动功。双掌心朝上，从身体两侧徐徐上升至头上方，双手背相合，由头胸腹缓缓下降至腹下，此时为呼；全身各部位相随而动，身体重心随动作的升降而变化。如此反复练习。（图 4–113~图 4–117）

图 4–113

图 4–114

图 4–115

图 4–116

图 4–117

动作三：循督脉内气运行路线进行拍打。（图 4–118~图 4–120）

图 4–118

图 4–119

图 4–120

循任脉内气运行路线进行拍打。（图 4–121~图 4–123）

图 4–121

图 4–122

图 4–123

意念：做动作和拍打时，三性归一，以意领气由会阴始，循任督二脉运行一周。

功效：参考学习任脉督脉注解。

任脉歌诀

十三任脉二四呈，起于会阴承浆停，
泌尿生殖肠腹病，宽胸理气强壮能。
会阴两阴中间取，曲骨耻骨联合从，
中极关元石门穴，每穴相距一寸均。
气海脐下一寸半，脐下一寸阴交明，
肚脐中央名神阙，脐上诸穴一寸匀。
水分下脘与建里，中脘上脘巨阙行，
鸠尾岐骨下一寸，中庭胸剑结合从。
膻中正在两乳间，玉掌紫宫紫盖重，
再上一肋璇玑穴，胸骨上缘天突通。
廉泉颌下结喉上，承浆正在唇沟中。

督脉歌诀

十四督脉二九良，止于龈交起长强，
脑病为主次分段，急热肛鼻脊柱肠。
尾骨之端是长强，骶管裂孔腰腧当，
十六阳关平髋量，十四命门平肋旁。
十一椎下脊中藏，第十椎下中枢长，
第九椎下是筋缩，第七椎下为至阳。
六是灵台五神道，三椎之下身柱藏，
陶道一椎之下取，大椎就在一椎上。
哑门入发五分处，风府一寸宛中当，
粗隆上缘寻脑户，强间户上寸半量。
后项再上一寸半，百会七寸顶中央，
前顶囟会俱寸五，上星入发一寸量。

神庭五分入发际，两眉中间取印堂，
素髎鼻尖准头乡，水沟鼻居沟上取。
兑端唇上尖端藏，龈交系带齿龈交，
经行背头居上行。

拍打任脉

穴位	取穴方法	主治
会阴↓	男子为阴囊根部与肛门的中间，女子为大阴唇后联合与肛门的中间	痔疮、阴道炎、阴茎痛、闭经、遗精、子宫脱垂、溺水窒息
曲骨↓	耻骨联合中点上缘	遗尿、小便不利、阳痿、遗精、白带多子宫收缩不全、会阴瘙痒
中极↓	前正中线脐下 4 寸	泌尿生殖系统疾患（同关元穴）
关元↓	前正中线脐下 3 寸	腹痛、腹泻、痢疾、月经不调、痛经、白带多、盆腔炎、阳痿、遗精、遗尿、尿闭、尿频、尿痛、蛔虫症
石门↓	前正中线脐下 2 寸	腹胀、水肿、小便不利、崩漏、闭经、白带多
气海↓	前正中线脐下 1.5 寸	腹胀、腹痛、崩漏、月经不调、遗尿、遗精、神经衰弱
阴交↓	前正中线脐下 1 寸	尿道炎、子宫内膜炎、月经不调、产后腹痛、恶露不净、阴痒、疝痛
神阙（脐中）↓	脐之正中	慢性肠炎、慢性痢疾、水肿、腹痛、脱肛
水分↓	前正中线脐上 1 寸	小便不利、水肿、腹泻
下脘↓	前正中线脐上 2 寸	胃痛、消化不良、胃下垂、肠炎
建里↓	前正中线脐上 3 寸	胃痛、呕吐、消化不良、水肿、腹膜炎
中脘↓	前正中线脐上 4 寸	胃炎、溃疡病、腹胀、呕吐、腹泻、便秘、消化不良、高血压、神经衰弱、精神病

（续表）

穴位	取穴方法	主治
上脘↓	前正中线脐上5寸	胃炎、溃疡病、呕吐、腹胀、呃逆
巨阙↓	前正中线脐上6寸	心慌、心跳、胃痛、呕吐
鸠尾↓	剑突下，相当脐上7寸	心痛、胃痛、呕吐、呃逆、癫痫、精神病
中庭↓	前正中线平第五肋间，相当膻中穴下1.6寸	咳嗽、哮喘、小儿吐奶、呕吐
膻中↓	前正中线平第四肋间（两乳之间）	咳嗽、哮喘、胸闷、胸痛、乳腺炎、乳汁不足、肋间神经痛
玉堂↓	前正中线膻中穴上1.6寸，平第三肋间	支气管炎、哮喘、胸膜炎、呕吐
紫宫↓	前正中线平第二肋间	支气管炎、肺结核、胸膜炎
华盖↓	前正中线，胸骨柄与胸骨体结合处	咽喉炎、喘咳、胸痛
璇玑↓	前正中线，天突穴下1寸	胸痛、喘咳、咽喉肿痛
天突↓	胸骨上缘凹陷处	哮喘、气管炎、咽炎、甲状腺肿大、呕吐
廉泉↓	喉结上方凹陷处	支气管炎、咽喉炎、哮喘、舌炎、流涎、中风后语言不清
承浆↓	颏唇沟之中央凹陷处	面神经麻痹、牙关紧闭、牙痛、流涎、头项强痛

拍打督脉

穴位	取穴方法	主治
长强↓	皂骨尖直下5分处	痔疮、脱肛、腰背痛
腰腧↓	骶骨与尾骨连接处，在椎管裂孔中	腰骶疼痛、月经不调、痔疮、脱肛、下肢麻痹、瘫痪
阳关↓	第四腰椎棘突下	腰骶疼痛、下肢瘫痪、月经不调、遗精、阳痿、肠炎、腹泻
命门↓	第二腰椎棘突下	腰痛、遗尿、阳痿、遗精、白带多、子宫内膜炎、附件炎、头痛、耳鸣

（续表）

穴位	取穴方法	主治
悬枢↓	第一腰椎棘突下	腰背痛、消化不良、肠炎、腹泻
脊中↓	第十一胸椎棘突下	癫疴、黄疸、腹泻、小儿脱肛、痔疮
中枢↓	第十胸椎棘突下	腰背痛、胃痛、食欲不振、视力减退
筋缩↓	第九胸椎棘突下	腰背痛、胃痛、神经衰弱、癫痴、癔病
至阳↓	第七胸椎棘突下	肝炎、胆囊炎、胃痛、肋间神经痛、腰背痛
灵台↓	第六胸椎棘突下	哮喘、支气管炎、腰背痛、胃痛
神道↓	第五胸椎棘突下	神经衰弱、背痛、咳嗽、肋间神经痛、疟疾、小儿惊风
身柱↓	第三胸椎棘突下	支气管炎、肺炎、胸痛、背痛、精神病、小儿惊痴
陶道↓	第一胸椎棘突下	疟疾、头痛、项背强痛、癫痫、精神病
大椎↓	第七颈椎棘突下	热病、外感、疟疾、项强、背痛、支气管炎、哮喘、瘫痪、癫疴、精神病
哑门↓	第一、二颈椎棘突间，入后发际5分处	脑性瘫痪、头痛、癫痫、聋哑、精神病
风府↓	后发际正中上1寸，相当枕骨粗隆直下凹陷处	感冒、头痛、项强痛、精神病、中风不语
脑户↓	风府穴直上1.5寸，相当枕骨粗隆上方	头项强痛、头晕、癫痫
强间↓	脑户穴直上1.5寸	头痛、项强、目眩、呕吐
后顶↓	强间穴直上1.5寸	头痛、项强、目眩、呕吐

（续表）

穴位	取穴方法	主治
百会↓	后发际正中上 7 寸，相当头顶正中线与两耳尖联线之交点处	头痛、头晕、脱肛、子宫脱垂、中风不语、精神病
前顶↓	百会穴前 1.5 寸	头顶痛、眩晕、颜面红肿、小儿惊风
囟会↓	百会穴前 3 寸	头痛、眩晕、鼻塞、鼻衄、小儿惊风
上星↓	前发际正中上 1 寸	头痛、眼痛、鼻炎、鼻衄
神庭↓	前发际正中上 5 分	前头痛、眩晕、鼻炎、癫痫、惊悸、失眠
素髎↓	鼻之尖端	鼻炎、鼻衄、鼻疖、酒糟鼻、休克
人中（水沟）↓	人中沟中、上 1/3 交界处	休克、虚脱、中暑、昏迷、癔病、癫痫、急性腰扭伤
兑端↓	上唇尖端，红唇与皮肤相接处	牙痛、口舌生疮、口臭、精神病
龈交↓	上唇系带与齿龈相接处	牙龈肿痛、口腔溃疡、鼻炎、精神病

十四、拍打带脉

动作一：无极起式。双手臂如抱物状相合于腹前，三性归一，内视带脉内气运行路线，自然呼吸。（图 4–124）

图 4–124

动作二：由静功转化过渡为动功。双手沿顺时针方向旋转一周，如此反复练习，双手沿逆时针方向旋转一周；全身各部位相随而动，身体重心随动作的变化在两腿之间转换，自然呼吸。如此反复练习。（图 4-125~图 4-129）

图 4-125

图 4-126

图 4-127

图 4-128

图 4-129

意念：做动作和拍打时，三性归一，以意领气由腰部始，循带脉运行一周。

功效：参考学习带脉注解。

拍打带脉

穴名	取穴方法	主治
神阙（脐中）	脐之正中	慢性肠炎，慢性痢疾，水肿，腹痛，脱肛
命门	第二腰椎棘突下	腰痛，遗尿，阳痿，遗精，白带多，子宫内膜炎，附件炎，头痛，耳鸣
带脉（左）	第十一肋骨前端之下际一寸处	腰肋痛，腹痛，肠疝痛，下痢，月经不调，赤白带下
带脉（右）	同上	同上

第二节　拍打神经系统

拍打对神经系统的作用：现代医学研究认为，拍打功之所以有“非常效应”和“双向效应”，这与激发与调整神经、体液调节系统有关。从现代解剖生理学观点分析，三个丹田和一些重要的气功窍位的位置，恰好是重要神经中枢和内分泌腺体所在地，如下丘脑、大脑皮质顶叶、额叶、脑垂体、甲状腺、胸腺、腹腔神经丛、性腺、肾上腺、脊髓、延髓等，这些对人体生命是至关重要的。拍打功的独到和捷径之处就在于直接拍打气功窍位和神经系统时，可产生强烈的传导感，这种传导感具有影响、刺激神经的作用，可使兴奋神经趋向稳定状态，被抑制神经则能被激活，因此使人体的神经系统进一步得到调整、修复和平衡，同时影响到生理功能的生化、代谢、内分泌等功能，增强提高了机体的免疫功能，从而使机体自动化调节系统趋向有序化程度更高的状态。

经常练习拍打神经系统，对神经系统病变引发的诸类病症，如植物神经紊乱、神经麻痹、压迫神经、神经炎、脑神经痛、肋间神经痛、坐骨神经痛、半身不遂、胳膊手麻木、腿脚麻木等均有明显疗效。

人体神经系统。（图 4–130、图 4–131）

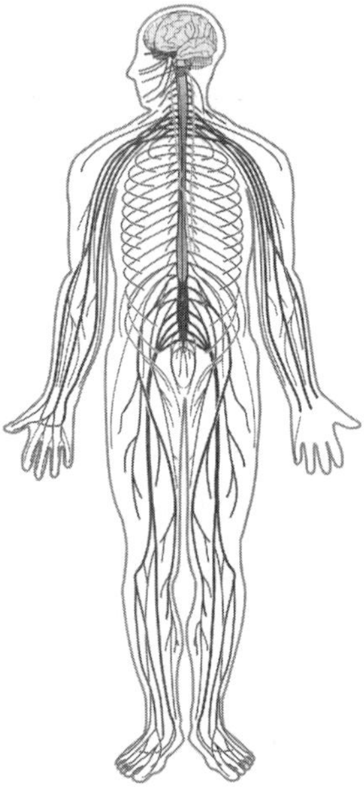

图 4–130

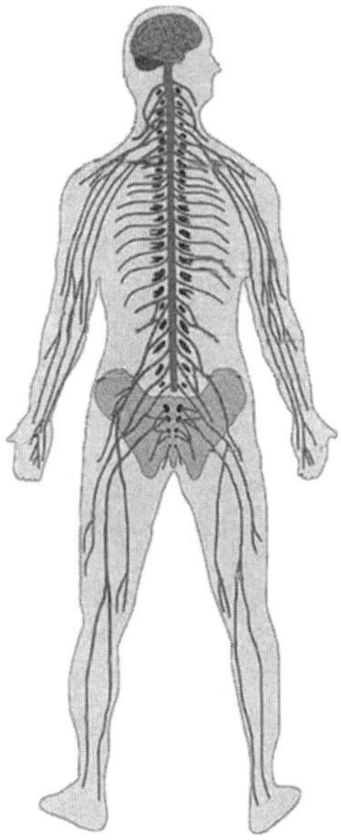

图 4–131

例如，拍打中丹田时的刺激，不仅有促进行气、壮气的练功效果，而且可使胃肠平滑肌的张力、弹力、收缩力增加，从而加速胃肠蠕动，同时通过交感神经的作用，使支配内脏器官的神经兴奋，促进胃肠消化液的分泌，这是一般练习气功的方法所不能达到的效果。

拍打神经根。（图 4–132、图 4–133）

图 4-132

图 4-133

拍打神经梢节。（图 4-134~图 4-136）

图 4-134

图 4-135

图 4-136

第三节　拍打血液循环系统

拍打对血液循环系统的作用。医学仪器测试：（1）超声心电图检查；（2）血粘度测定采用毛细管法；（3）甲皱微循环检测；（4）血浆凝血—纤溶指标测定。经观察发现，拍打时的力度和药物浸渗于肌肤之中，可产生“直接效应”，可以引起细胞产生温热反应，能活化细胞，使血管扩张，血管容积增大，血管通透性明显得到改善，促进血液循环，使血管、微血管、毛细血管中血流速度增快，末梢血流量增加，红细胞和血红蛋白有所增长，转化动、静脉血管，增强血管壁弹性，清除血液中的有害物质，还可降低胆固醇、血脂，改善心肌供氧，加强心脏功能。

经跟踪调查发现，经常练习拍打血液循环系统，有犹如“疏通管道”一样的活血化瘀、疏通血管之功效，可防治由于气血运行不畅、气血凝聚、血管硬化而产生的诸类病症。例如，血管静脉曲张、血管动脉硬化、血压低、血压高、心脑供血不足、脑血栓，以及由于气血运行不畅和气血亏而产生的手脚发冷的现象，均有良好的功效。

人体血液循环系统。（图 4–137）

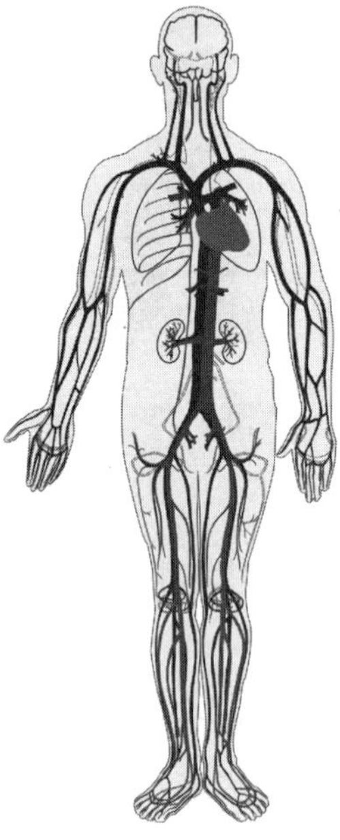

图 4–137

拍打静脉。(图 4-138~图 4-140)

图 4-138

图 4-139

图 4-140

拍打动脉。（图 4-141~ 图 4-143）

图 4-141

图 4-142

图 4-143

第四节　拍打肌肉组织

拍打对肌肉组织的作用。拍打时首先与皮肤接触，使皮下毛细血管扩张、充血、温度提高，使腺体分泌增强，故皮肤润泽而有弹性，因此有减少皮下脂肪堆积的功效，可为减肥手段之一。

拍打时可使肌肉纤维被动活动，使被牵拉的肌肉放松，消除疲劳。由于血液循环加快，从而使肌肉所需要的氧气和营养物质得到及时的补充，促进了新陈代谢，提高了肌肉的运动能力。

经常练习拍打肌肉组织，对长期在办公室工作、在劳动和体育运动中由于肌肉组织病变引发的诸类病症，如肌肉酸痛、肌肉萎缩、肌肉瘫痪、腰肌劳损、背痛、肩痛、胳膊手痛、腿脚痛、各类软组织损伤等尤为有效。

具有滋润肌肤、消耗脂肪、调节内分泌、强健肌肉、舒筋健韧、强外壮内、提高技击薄弱部位和内脏的抗击打能力之功效。

人体肌肉组织。（图 4–144）

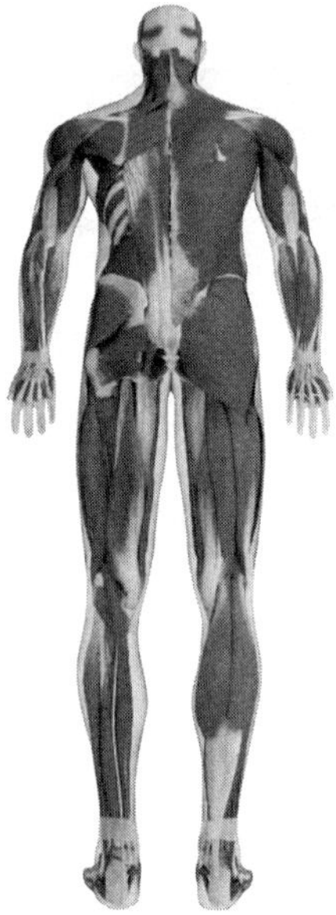

图 4–144

拍打肌肉组织。（图 4–145~图 4–151）

图 4–145

图 4–146

图 4–147

图 4–148

图 4–149

图 4–150

图 4–151

第五节　拍打骨骼

拍打对骨骼的作用：促进分泌润滑液，增强骨膜与骨髓的供氧能力，增强骨质密度，提高骨骼的抗击打能力，加强关节韧带，对稳定连接关节、骨骼保健与病变的修复起着重要的作用。

经常练习拍打骨骼，对骨骼病变引起的诸类病症，如骨质疏松、骨刺、关节炎、颈椎病、椎间盘突出症、骨髓炎等均有良好功效。

人体骨骼。（图 4–152、图 4–153）

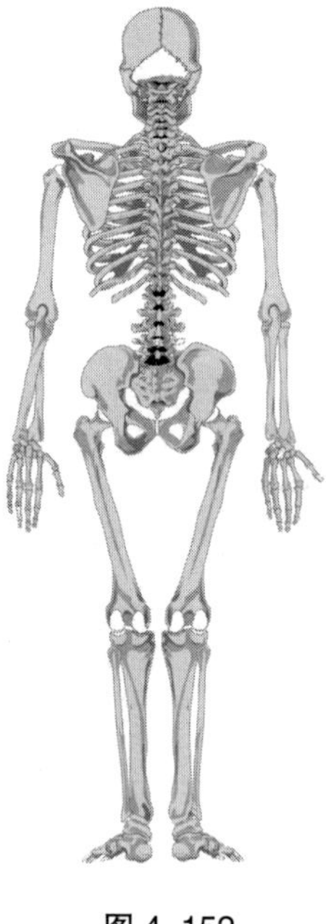

图 4–152

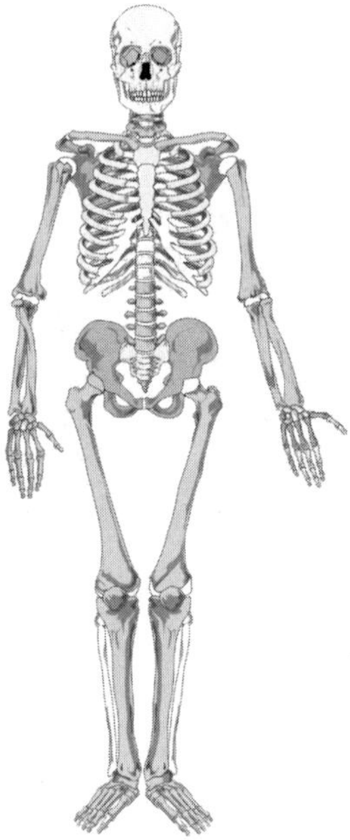

图 4–153

拍打脊椎。（图 4–154）

拍打肋骨。（图 4–155）

拍打胳膊。（图 4–156）

拍打腿部。（图 4–157）

图 4–154

图 4–155

图 4–156

图 4–157

第六节　拍打疾病部位

拍打对疾病部位的作用：经医学仪器测试证明，拍打时的力度和药物浸渗了疾病部位，可产生直接效应，能改变离子浓度，使细胞膜的稳定性增强，因此疼痛症得到缓解或消失。改善淋巴循环，加速水肿及渗出物等病变产物的吸收，有利于肿胀、挛缩的消除，因此通过拍打疾病部位来达到“通则不痛，通则不病”之功效。

拍打还能提高人体的免疫力，使白细胞的数量增加，并能增强白细胞的噬菌能力，对病变的修复起着重要作用。

腰痛。（图 4–158）

图 4–158

肩痛。（图 4–159）

图 4–159

胳膊痛。（图 4–160）

图 4–160

腿痛。（图 4–161）

图 4–161

第七节　拍打修炼窍位

拍打中丹田。（图 4–162）

拍打命门。（图 4–163）

拍打劳宫。（图 4–164）

拍打涌泉。（图 4–165）

图 4–162

图 4–163

图 4–164

图 4–165

第五章　二十四节气导引坐功

第一节　一月循时修炼法

1.“立春”一月节

运主厥阴初气，时配手少阳三焦相火。

坐功：宜在每天子、丑之时，双手相叠按大腿，转身拗颈，左右耸引各三五次，叩齿、吐纳、漱咽3次。

治病：风气积滞、头顶痛、耳后痛、肩肘痛，诸痛悉治。

图5–1

2.“雨水”一月中

运主厥阴初气，时配手少阳三焦相火。

坐功：每天子、丑之时，双手相叠按大腿，拗颈转身，左右偏引各三五次，叩齿、吐纳、漱咽。

治病：三焦经络滞留邪毒、肿、喉痹、耳聋、颊痛，诸疾悉治。

图5–2

第二节　二月循时修炼法

3.“惊蛰”二月节

运主厥阴初气，时配手阳明大肠燥金。

坐功：每日丑、寅之时，握固转颈，反肘向后，顿掣五六次，叩齿 36 次，吐纳、漱咽 9 次。

治病：腰膂肺胃蕴积邪毒，目黄、口干、鼻塞、鼻出血、喉痹、面肿、暴哑、头风、遍身疙瘩等。

图 5–3

4.“春分”二月中

运主少阴二气，时配手阳明大肠燥金。

坐功：每日丑、寅二时，伸手回头，左右挽引各六七次，叩齿 36 次，吐纳、漱咽 9 次。

治病：胸腹肩背经络虚劳邪毒，齿痛、颈肿、寒栗、热肿、耳聋、耳鸣、肩肘背痛、瘙痒等症。

图 5–4

第三节　三月循时修炼法

5.“清明”三月节

运主少阴二气，时配手太阳小肠寒水。

坐功：每日丑、寅二时，正坐，换手，左右如拉硬弓各七八次，叩齿、纳清吐浊、咽津各 3 次。

治病：腰肾肠胃虚邪积滞，耳前热、苦寒、耳聋、嗌痛、颈痛不可回顾、肩拔、腰软及肘臂诸痛。

图 5–5

6.“谷雨”三月中

运主少阴二气，时配手太阳小肠寒水。

坐功：每日丑、寅二时，平坐，换手左右举托，移臂左右掩乳，各 5~7 次，叩齿、吐纳、漱咽。

治病：脾胃结瘕瘀血、目黄、鼻出血、颊肿、颌肿、肘臂肿痛、掌中热。

图 5–6

第四节　四月循时修炼法

7.“立夏”四月节

运主少阴二气，时配手厥阴心包络风木。

坐功：每日寅、卯二时，闭息瞑目，叉握两手，抑压两膝，各 5~7 次，叩齿、吐纳、咽津。

治病：风湿留滞、经络肿痛、臂肘挛急、腋肿、手心热、癔症。

图 5–7

8.“小满”四月中

运主少阳三气，时配手厥阴心包络风木。

坐功：每日寅、卯二时，正坐，一手举托，一手下按，左右各 3~5 次，叩齿、吐纳、咽津。

治病：肺腑蕴滞邪毒，胸胁支满、心烦躁动、面赤、鼻赤、目黄、心烦作痛、掌中热诸痛。

图 5–8

第五节　五月循时修炼法

9.“芒种”五月节

运主少阳三气，时配手少阴心君火。

坐功：每日寅、卯二时，正立仰身，两手上托，用力上举，左右各 5~7 次，定息、叩齿、吐纳、咽津。

治病：腰肾蕴积虚劳，心痛、目黄、胁痛、消渴、善惊、善忘、上咳吐、下气泄、身热、股痛、心悲、头项痛、面赤。

图 5–9

10.“夏至”五月中

运主少阳三气，时配手少阴心君火。

坐功：每日寅、卯二时，跪坐，伸手叉指，用脚交换力踏，左右各 5~7 次，叩齿、纳清吐浊、咽津。

治病：风湿积滞、腕膝痛、掌中热痛、两肾内痛、腰背痛、身体沉重。

图 5–10

第六节　六月循时修炼法

11.“小暑”六月节

运主少阳三气，时配手太阴肺湿土。

坐功：每日丑、寅二时，两手反手据地，屈压一足，直伸一足，用力掣 3~5 次，叩齿、吐纳、咽津。

图 5–11

治疗：腿膝腰髀风湿、肺胀满、喘咳、缺盆中痛、善嚏、脐右小腹胀引腹痛、手挛急、半身不遂、偏风、健忘、哮喘、脱肛、腕无力、喜怒无常。

12.“大暑”六月中

运主太阴四气，时配手太阴肺湿土。

坐功：每日丑、寅二时，双手据地，返首向肩引，作虎视，左右各 3~5 次，叩齿、吐纳、咽津。

图 5–12

治病：头项胸背风毒，咳嗽、喘、烦心、胸膈满、掌中热、脐上或肩背痛、风寒汗出、中风、尿频、腹泻、皮肤痛、健忘。

第七节　七月循时修炼法

13.“立秋”七月节

运主太阴四气，时配足少阳胆相火。

坐功：每日丑、寅二时，正坐，双手据地，缩体闭息，耸身上踊 7~8 次，叩齿、吐纳、咽津。

治病：补虚益损，去腰肾积气，口苦、叹息、心胁痛不能反侧、面尘、体无泽、足外热、头痛、颔痛、目锐眦痛、腋下肿、汗出振寒。

图 5–13

14.“处暑”七月中

运主太阴四气，时配足少阳胆相火。

坐功：每日丑、寅二时，正坐，转头左右举引，反两手捶背，各 5~7 次，叩齿、吐纳、咽津。

治病：风湿留滞、肩背痛、胸痛、脊骨痛、胁肋髀膝经络外至胫绝骨外踝前及诸节皆痛，少气、咳嗽、喘咳上气、胸背脊膂积滞之疾。

图 5–14

第八节　八月循时修炼法

15.“白露”八月节

运主太阴四气，时配足阳明胃燥金。

图 5–15

坐功： 每日丑、寅二时，正坐，双手按膝，转头推引各3~5次，叩齿、吐纳、咽津。

治病： 风气留滞腰背经络，狂疟、汗出、流鼻血、口歪、唇溃疡、颈肿、喉痹、不能言、面黑、呕吐、呵欠、精神失控。

16.“秋分”八月中

运主阳明五气，时配足阳明胃燥金。

图 5–16

坐功： 每日丑、寅二时，盘足而坐，两手掩耳，左右反侧各3~5次，叩齿、吐纳、咽津。

治病： 风湿积滞胁肋腰股，腹大水肿、膝膑肿痛、腿股痛、多屁、腹胀、肠鸣、遗尿、大腿不可转、易饥、胃寒。

第九节　九月循时修炼法

17.“寒露”九月节

图 5–17

运主阳明五气，时配足太阳膀胱寒水。

坐功： 每日丑、寅二时，正坐，举两臂，踊身上托，左右各 3~5 次，叩齿、吐纳、咽津。

治病： 诸风寒湿邪挟胁腋经络，目似脱、项如拔，脊痛、腰折、痔、疟、癫痛、头两边痛、头顶痛、目黄泪出、鼻出血、霍乱诸症。

18.“霜降”九月中

图 5–18

运主阳明五气，时配足太阳膀胱寒水。

坐功： 每日丑、寅二时，平坐，舒展两手，握两足，随意用足间之力而复收 5~7 次，叩齿、吐纳、咽津。

治病： 风湿痹入腰脚，大腿不可屈、项背腰尻阴股膝髀痛、肌肉萎、下肿、便脓血、小腹胀痛、欲小便不得、脏毒、筋寒、脚气、久痔、脱肛。

第十节　十月循时修炼法

19.“立冬”十月节

运主阳明五气，时配足厥阴肝风木。

坐功：每日丑、寅二时，正坐，拗颈左右顾视，两手反方向推按 3~5 次，吐纳、叩齿、咽津。

图 5-19

治病：胸胁积滞、虚劳邪毒、腰痛不可俯仰、面尘脱色、胸满呕逆、食滞、头痛、耳无闻、颊肿、肝逆、面青、目赤肿痛、两胁下痛引小腹、四肢满闷、眩昏、目肿痛。

20.“小雪”十月中

运主太阳终气，时配足厥阴肝风木。

坐功：每日丑、寅二时，正坐，一手按膝，一手挽肘，左右争力各 3~5 次，吐纳、叩齿、咽津。

图 5-20

治病：脱肛、风湿热毒、妇人小腹肿、遗溺、睾肿、睾疝、转筋、阴缩、两筋挛、洞泄、善恐、胸中喘。

第十一节　十一月循时修炼法

21.“大雪”十一月节

运主太阳终气，时配足少阴肾君火。

坐功： 每日子、丑二时，起身仰膝，两手左右外托，两足左右踏地，各 5~7 次，叩齿、咽津、吐纳。

治病： 脚膝风湿毒气、口热、舌干、阴下湿、饥不欲食、气色不佳、咳唾有血、咽肿上气、烦心、心痛、黄疸、肠癖、渴喘、目无见、心悬不安、多恐、常若人捕等症。

图 5-21

22.“冬至”十一月中

运主太阳终气，时配足少阴肾君火。

坐功： 每日子、丑二时，平坐，伸展两足，两手按两膝，左右用力做 3~5 次，吐纳、叩齿、咽津。

图 5-22

治病： 手足经络寒湿、

足痿厥、嗜睡、足下热、脐痛、左胁下背肩髀间痛、胸中满、大小腹痛、大便难、腹大、颈肿、咳嗽、腰冷如冰及肿、脐下气逆、小腹急痛、下肿、冻疮、下痢。

第十二节　十二月循时修炼法

23.“小寒”十二月节

运主太阳终气，时配足太阴脾湿土。

坐功：每日子、丑二时，正坐，一手按足，一手上托，俯首，互换，用力做 3~5 次，吐纳、叩齿、咽津。

治病：荣卫气蕴、食即呕吐、胃脘痛、腹胀、疟、饮发中满、食减、饱嗝、身体皆重、食不下、烦心、心下急痛、黄疸、大小便不通、面黄、口干、怠惰嗜卧、善饥、善味、不嗜食。

图 5–23

24.“大寒”十二月中

运主厥阴初气，时配足太阴脾湿土。

坐功：每日子、丑二时，两手向后，据床跪坐，一足直伸，一足用力，左右各做3~5次，叩齿、漱咽、吐纳。

治病：经络蕴积诸气、舌根强痛、体不能动摇或不能卧、强立、股膝内肿、尻阴足背痛、腹胀、肠鸣、食泄不化、足不收行、九窍不通等。

图 5–24

第六章　练功问题解答

第一节　练功前

什么是气？

气是一种极细微的物质，是构成世界万物的本源，是宇宙万物生生化化的根本，生物的化生、生长、繁殖、死亡都是由于气在起着决定性的作用。中国古代著名学者王充说："天地合气，万物自生。"说的就是气生万物的道理。

人体中的气的主要成分有三：先天的肾气称之为"元气"；后天的水谷转化成的气称之为"谷气"；口鼻吸入的空气称之为"清气"。这三种气混合在一起，共同发挥充养全身的作用。

为什么古人选择在子时、午时、卯时、酉时来练功？

因为子时（23:00—1:00）是阴气旺盛之时，此时练功修炼阴气；午时（11:00—13:00）是阳气旺盛之时，此时练功修炼阳气；卯时（5:00—7:00）是阴阳各半之时，酉时（17:00—19:00）是阳阴各半之时，此二时辰练功是修炼阴阳相济、阴阳平衡的最佳之时。

所以古人选择在此四时辰来练功，现在研究起来是很科学的。

练习气功三个原则是什么？

（1）有恒——持之以恒；

（2）有序——循序渐进；

（3）有度——适度运动。

有人因工作和生活习惯等原因，而不能按某个脏腑的具体时间练习拍打功，是否可以？

有一些练功者因工作和生活习惯等原因，而不能按某个脏腑的具体时间练习拍打功，而是选择其他的时间来练功也是可以的，同样能收到练功效果，只是按循时练功的方法，收到的练功效果会更好一些。

练习太极拳时气感差或内气运行不畅，是否能以拍打功相助？

有些人练习了几年或更长时间的太极拳，但是一直气感差或感到内气运行不畅，内功术语称之为“死气”。遇到此情况时，可以辅助练习拍打功，有助于将气激活和促进内气运行。

练习其他种类气功，是否可以辅助练习拍打功？

练习其他种类气功，感到内气运行不畅或受阻时，辅助练习拍打功，将有助于疏通和促进内气运行。

什么叫“童子功”？

年轻的练功者未婚，没有性行为，此年龄段的练功者，由于思想单纯，杂念少，精力旺盛，出功夫快，所以称为“童子功”。

多大年龄的儿童适合练习气功？

儿童天性活泼好动，要想让他们较长时间地静下来练习气功并非易事，所以儿童最好在 12 岁以后练功。

第二节　练功中

患病的练功者，体力不支时能否坐着练功？

患病或体质差的练功者，如在练功时感到体力不支，可以坐着练功。

为什么要先练习静功，然后再练习由静功转化过渡为动功？

先练习静功是“静中生动”，是由“无极生有机”的练功过程。待练功到了“静中生动”“无极生有机”的时候（即分阴阳了），此时再练习由静功转化过渡为动功，这是道家气功理论中“练功须从无极始，阴阳开合认真求”的练功步骤。

练习站桩功时应注意什么？

练习站桩是要以“忘形以养气，忘气以养神，忘神以养虚，忘虚以养灵”的方法来修炼。

第三节　练功后

“太极拳与气功同时修炼”先练习哪一种？

“太极拳与气功同时修炼”应先练习气功，其中包括站桩功，然后再练习太极拳。这样的练功程序，能将练习气功时得来的气，运用结合到太极拳的动作之中，待练习太极拳时也能达到“意到气到，气到动作到”的时候，说明练功者的“内功”有进步了。

练功后应注意什么问题?

每天练功后有更充沛的精力去工作和生活，这样才达到了练功目的。如果每天练功后感到很累，甚至第二天都不想练功了，这样的练功方法不可取，要掌握持之以恒、适度运动的原则。

是否饭后不宜马上练功?

是的，饭后应过一小时之后再练功，这样有利于内气运行。

保健功应在什么时候练习?

保健功是练习气功的最后一项内容。由于练习气功后，手上气感很强，利用手上气场进行自我按摩，能起到青春常驻的保健养生之功效。

保健功包括哪些内容?

保健功包括搓手、浴面、梳头、揩鼻、摩耳、摩太阳穴、鸣天鼓、转睛、转项、叩齿、咽津、按摩胳膊腿等内容。

第四节　综合解答

什么是每天必练的功法?

每天练气功时，应先做降气洗藏功，以排除体内浊气病气。然后再进行采气功功法的练习，因它有采气、补气练功功效，所以是每次必练功法。修炼者还可根据自己身体状况或是根据自己修炼气功到什么水平、什么阶段来选择适合自己情况的其他一些功法来练习。练习完气功后，认真做好收功也是很重要的环节。

什么是气功中的阳气与阴气？

气功中的阴阳二气表现规律如下：以自然界而言，天属阳，地属阴；夏天属阳，冬天属阴；白天属阳，黑夜属阴。

以人体而言：体表属阳，内里属阴；上身属阳，下身属阴；背后属阳，胸前属阴；手背属阳，手心属阴等。

以脏腑而言：六腑为阳，五脏为阴。

以经络而言：循阳经内气由内而外行至梢节为阳，循阴经内气由外而内行至脏腑为阴。

以气而言：练功时感到热的、运动的、上升的、开的、由内而外的等为阳，感到冷的、静止的、下降的、合的、由外而内的等为阴。

三才指的是什么？

三才指的天地人、上中下三丹田。

何为“先求无极”？

何为无极？无极者空空洞洞，混混沌沌，无端无形，无色无象，虚若无物，无一物而包万物。

道经云：天下万物生于有，有生于无。

易经云：太极者，无极而生，阴阳之母。

所以练功须从无极始，阴阳开合认真求。无极生太极，太极生两仪，两仪生四象，四象生八卦，八卦生五行，五行生形意，复归太极生混元。故练气功必先练无极，求混元须先求无极，不入无极圈，难成太极圈。

何求无极？静站无极桩，内经云："提天地，呼吸精气，独立守神，肌肉若一。"自己思虑冥其心，摒除杂念，收心求静。心静神宁，神宁清静，清静无物，无物气行，气行觉明，觉明则神气相通。万象归根，合成一气而达一片无极景象。

怎样才算做到全身放松了？

练习道家内功，首先要调身，使周身内外各个部位放松，通过放松的练习，使周身内外筋、骨、皮、肉、脏、腑和18个大关节及全身的大小关节节节松开，无有僵滞，无有阻塞之处，同时能感知内气能顺畅流通于各个部位，方可算达到全身放松了。随功夫的深入，放松的程度会有进一步的理解体会。

有人在练功时病区疼痛加重是怎么回事？

有人在练功中有病区疼痛加重的现象，遇此情况时应予忍耐坚持，这是气冲病灶的功效反应，不要疑虑。经过一个时期练功后，不仅病痛减轻，病情还会大为好转。

个别人练功时或练功后，感到头部不适有头晕、胸闷、气能上不能下的现象时怎么办？

其原因一是由于掌握功法要领不当或是意念呼吸过重，与动作配合不协调等原因所致。

二是过早地练习意守上丹田、百会、囟门等窍位。

三是急于求成。在还没有达到某阶段"功夫火候"时，过早地练习下一步功法，这种揠苗助长式的练功方法也是造成此现象的原因之一。

练功遇到这种情况时，可调整意念为似守非守，似有似无，呼吸调整。意念、呼吸动作注意密切配合协调一致，就可预防此现象的发生。再就是按部就班扎扎实实练功，不要急于求成，所谓“欲速则不达”就是这个道理。

如出现此情况时，可采用降气法来帮助解决。其方法是意守涌泉穴。双手由下向上举过头顶，然后两手心向下，指尖相对从头上向下行至胳膊手自然垂直，身体重心也随之缓缓下降，腿微屈，随动作用意念引气由上向下降至涌泉穴，气降得不能再降时为一次。反复练习，即可解决头晕、胸闷、气能上不能下的现象。

练功为什么气到病区时有痛感？

练习气功，气运行到病区时，有时会感到疼痛加剧的练功现象，因为在病区处，经络阻滞气血运行不畅通，这是气冲病区所致，是好的练功反应。中医理论认为：经络不通则痛，经络不通则病，待气能够顺利通过病区后，不仅疼痛感消失，病情还会进一步得到缓解舒愈。

练习气功时为什么有人会出现自发功现象？

练习气功，达到放松入静到一定程度后，身体某部位由外动到内动或由内动到外动，甚至有全身不由自主地动起来的现象，这是练习气功静极生动自发功的表现。内动、外动的主要原因是体内阳气发动之后，在身体内运行自我调节的反映。练功如出现此情况时，当动到一定程度后以意识加以导引、控制。不动也不去追求，更不要人为地动，当动到一定程度后运用意识来控制它。别人出现自发功时，此时不应去打扰惊动他。

三焦指的是哪些部位？作用是什么？

三焦是上焦、中焦、下焦的合称。三焦功能主气化，五脏六腑的调整完全靠气血的运行，而气血的运行主要靠三焦，三焦各有其经。

上焦：从心口窝到天突处为上焦，包括心和肺。上焦如雾，主宣发敷布，形容的是通过心肺功能，将水谷转化成精气后呈弥漫的状态输布于周身，以充养筋骨、肌肤、百骸的作用。

中焦：从肚脐到心中窝为中焦，包括脾和胃。中焦如沤，主运化水谷，形容的是通过脾胃消化的食饮，吸收精微，使有营养物质化生津液、营血的作用。

下焦：从膀胱到肚脐为下焦，包括肝、肾、大小肠、膀胱等。下焦如渎，主清浊，形容的是通过大小肠、膀胱将新陈代谢后的糟粕排泄于外。

为什么要先练意守中丹田？

中医理论认为，中丹田窍位通五脏六腑、十二经、十五络。由于练功时先进行采气功的练习，有补气、养气、积气生精的作用，然后再进行精、气、神转化的练习，所以练习气功时意守中丹田是筑基法。

“搭鹊桥”的意义是什么？

“搭鹊桥”是气功术语。练习气功时要求舌抵上腭，即为“搭鹊桥”。其意义是因上腭处有二孔，名为天池穴，舌抵此处起着沟通任督两脉使气顺利下行的作用。

什么是“四门紧闭”?

“四门紧闭”是练气功的一句术语，即“锁心猿，拴意马，四门紧闭练内功”。四门指眼、耳、鼻、口四门紧闭，即以意封闭眼、耳、鼻、口的活动，练功时达到眼不外观、耳不外听、口鼻不外嗅，目的是让人脑的思维活动全部集中在意守部位。

三关九窍指的是什么?

三关指的是练习气功时，内气沿督脉上升时不易通过的部位，尾闾、夹脊、玉枕称之为三关。

九窍指的是练习气功时的意守部位：下丹田、中丹田、上丹田、命门、会阴、两手心、两脚心，称之为九窍。

什么是阳窍、阴窍、天门、地户、中气线?

阳窍：指内气上升至最高点处，位置在头顶囟门为中心的区域，称之为阳窍（又称天门）。

阴窍：指内气下降至最低点处，位置在会阴为中心的区域，称之为阴窍（又称地户）。

中气线：阳窍与阴窍上下垂直线为中气线。

封天门闭地户之意是什么?

天门指的是囟门处，地户指的是会阴处。

封天门闭地户之意是，修炼时用意念将上下封闭，其目的是在“内气不出，外气不入”的情况下修炼积气成丹的方法。

窍呼吸与呼吸同步对吗？

练功时意守丹田或意守窍呼吸时，有时会感到窍呼吸与呼吸同步，这是正常的练功反应，但不要有意将口鼻呼吸去配合窍呼吸，如果这样就会影响自发的窍呼吸。

怎样正确掌握窍呼吸？

掌握窍呼吸的要领是练功入静后忘却鼻息，三性归一守窍，即在意念的导引下，用意想丹田，用意看丹田，用意听丹田，任凭窍位自己发动内气鼓荡。

练气功时意守下丹田，男女练功效果一样吗？

练功时意守下丹田，男子主练精，有生精练精之功效，女子意守下丹田，先练血，由血而转化成精，然后再运行精、气、神的互相转化。

如何正确对待性生活与练功的关系？

练习气功主要修炼人身三宝精、气、神。气足能生精，精足能转化成气，当气运行后，二者的密切关系更加明显。练功期间频繁的性生活是会影响练功效果的，因此练功期间应节制性生活，才能收到良好的练功功效。

收功时为什么要正转 36 圈，反转 24 圈？

练习气功后收功时做正转 36 圈是古代练习收功的一种方法，指培养丹田内气形成球状。从圆周率和圆形运动规律角度来分析是很科学、合理的。反转 24 圈，古代人认为三是变数，是指上、中、下三丹田和精、气、神的转化，八指的是东、南、西、北、东南、东北、西南、西北八个方位。

为什么要遵守练功方向?

练功时应注意遵守练功方向，此方法练习的是无形的功效。无形的功效看不见，摸不到，往往被练功者所忽视，待练功者内功水平达到较深层次后，方能体感到。例如，练功者的床位向南北方向，睡觉安眠效果好，早晨起来精神状态佳。床位向东西方向，睡觉安眠效果差，早晨起来精神状态不佳。其原理如同指南针识别方向一样，地球的南北磁场在悄悄地起着作用。因此，练功者遵守练功方向，有犹如给电池充电一样之功效。

古代气功理论中讲的元精、元气、元神与先天之精、先天之气和先天之神有什么区别?

元是原本之意，指的是婴儿未出生时的精气神，气功术语称为元精、元气、元神。待婴儿降生后，元精藏于肾，元气藏于脏腑，元神藏于脑，所以气功术语又称为先天之精、先天之气、先天之神。

为什么有些人同在一个老师的指导下，同时练习一个相同的气功动作，但是功效反应上却有差距?

学员在练习气功时，虽然是在一个老师的指导下，同时在练习一个相同的气功动作，但由于具体到每个人的健康状况和气功水平上及“悟性”上存在着差距等原因，所以对气功动作内涵的理解、认识、体感上存在着差异，是造成练功者功效反应不一的原因。

练习气功时感到津液增多怎么办?

津液是人体主要液体之一，有温养肌肉，充润皮肤，润泽耳目、口鼻等窍位，滑润关节，补益骨髓之作用。津液的新陈代谢是维持体内液体平衡与津（精）转化成气的重要环节。

倘若津液生成不足，或大汗呕吐、腹泻、大出血或持续高烧之后，耗伤津液过多，就会产生皮肤干皱、口唇燥裂、舌面无津、口干舌燥、目涩、鼻干、大便秘结、小便短少等一系列燥症。

由此可见津液之重要。所以练习气功时，如有津液增多的现象时，一定要将其咽下，气功术语称此为“玉液还丹”。切记不可将其吐掉。

为什么某些人感到有手脚发冷的现象，练习什么功法可以改变此状况？

某些人因身体虚弱、气血供应不足、疾病或是由于年老体衰、生理机能减退等原因，造成气血运行不畅，而不能通达于手脚梢节之缘故，通过练习本功法中的采气功、行气功，具有补气、增气、加强内气运行之功效。待体内气充足后，又能够重新运行到手脚梢节时，手脚发冷的现象便会得到明显的改善或自然消失了。

修炼气功达到高级阶段，身体放松时什么体会？

修炼气功达到高级阶段时的放松，则有另一番感受。打一个比喻，做饭和面时，初级阶段的放松，如同和死面一样，虽然是松软的，但软摊堆积在一起；达到高级阶段时的放松，不仅仅是形体上的放松，身体还会像发面包一样发起来，有内气充斥周身、顶天立地的高大形象和充满空间之感受。

练习气功时有肠鸣和放屁的现象，是否正常？

练习气功时有肠鸣和放屁的现象，说明通过练习气功促进了胃肠蠕动能力，增强提高了胃肠的吸收消化功能和排浊能力。

“五行”指的是什么？

五行指的是：以自然界而言，金、木、水、火、土；以脏腑而言，心、肝、脾、肺、肾；以步法而言，进、退、固、盼、定。

妇女修炼道家气功与男子有什么不同之处？

道家理论认为，由于男女生理构造不同，男子以精为宝，女子以血为基，所以女子修炼气功比男子要多一个步骤，男子练功时可直接炼精化气，而女子要先练血，待血升华成精后，再进行炼精化气的练习。

修炼丹田需要几年的时间能练成？

修炼道家气功达至中丹田成形，通常 3 年为小还丹——内气微动；6 年为中还丹——内气涌动；9 年为大还丹——内气鼓荡。道家称修炼丹田之术“小则无病，大则升仙，9 年练成，得道结丹”。

选择怎样的环境练功？是否可以在室内练功？

练功时应选择环境安静、空气清新、花草树木多的地方。如遇天气不好或冬季寒冷时，可在室内练功，但应注意保持空气流通和空气新鲜。

“五心归一”指的是什么?

“五心”指的是头顶心、两手心、两脚心。“五心归一”指的是五心之气归于中丹田，是练习道家气功气贯中腔、气气归根的技术方法。

气功术语“五气朝元”指的是什么?

练功实践总结出来的经验，证实了练功时出现的一些生理变化是由于心、肺、肝、脾、肾五经的气血充沛所产生的精华在发生作用。具体说，就是心主脉，身上有跳动的现象，是心经气足之故；肝主筋，身体上有抽筋或窜动的现象，是肝经气血之精华在行动；脾主肉，身上有肉跳等感觉，是脾经气血之精华在行动；肺主皮毛，身上有如虫爬发痒或气流升降窜动，是肺经气血在行动；肾主骨，运动时骨节作响和精足阳举，是肾经气血精华充足在发生作用。练习气功出现的这些现象，气功术语称之为“五气朝元”。

为什么太极拳和气功相结合练习功夫会进步快?

拳谚云：“练拳不练功，到老一场空。”有许多人虽然练习太极拳几年甚至长达十几年，还不能体感到练拳时有内气或内气相随而动，感到“内功”进步不快，所以练习太极拳的同时要结合练习气功，则能促进“内功”的进步，达到练习太极拳时意到气到、气到动作到、内外合一的练拳功效。

练习气功时不能入静怎么办?

入静是练习气功的重要环节，练功时能否入静，入静的质量直接影响到练功的成效，所以练功时掌握好入静的方法最为关键，也是基本功。常用引导入静的方法有以下几种：

1. 意守法。练功时意气守丹田或其他窍位，以帮助入静。

2. 数息法。练功时默念自己呼吸的次数，一吸呼为一次。

3. 听息法。在数息法的基础上，进而采用听自己呼吸出入声音的方法，以诱导入静。

4. 以动导静。练习静功杂念丛生不能入静时，可改为练动功，以动导静。待能够入静了再练习静功。

练习道家气功为什么强调以时辰调节气血?

因为气血运行随时间的变化而变化，尤其是昼夜的变易，使阴阳发生变化，阴阳变化使气血的运行随之变动，这样就形成了子午流注及气机升降宣发的现象。所以循时练功对祛病、强身、增功效果更佳。

初级者可以练习高级功法中的动作吗?

初级者是可以练习高级功法动作的，但是与达到了练习高级功法的修炼者相比所不同的是，初学者是有时虽然动作外形上看似做对了，但往往是只知其表，而很难达到高级功法动作中所要求的意到、气到、动作到，内外合一的练功效果。这便是古人所总结出来的经验“练动作容易，练气难，练气容易，练功夫难”的道理。

初学者心须经过一定的时间练习后，只有深入了内气的层次，完成了由外而内的过程，达到了高级功法动作中所要求的“内形”运动，此时才真正掌握了高级功法动作的运动规律。

练习气功达到某阶段后，想进一步提高水平却遇到困难的时候，怎么办?

当练习内丹功或外丹功达到某阶段后，继续修炼下一步提高的功法时，如遇到困难或阻力而难以提高进步的情况下，此时应注意加强采气功的练习。

因为练习采气功有补气、增气之功效，有利于帮助功夫进一步的提高。加强采气功的练习，如同烧水未开之时添火加柴一样的功效。

妇女月经期间是否可以练功?

妇女在月经期间一般情况下是可以练功的，但应该相应地减少练功时间和减轻练功强度。如果练功后感到身体不适或经量过多时，可暂停练功数日，待经期过后再练功。

修炼道家气功三个重要的转折点和里程碑，指的是什么?

第一个重要的转折点和里程碑指的是由后天气转化过渡至先天气，由后天呼吸法转化过渡至先天呼吸法。

第二个重要的转折点和里程碑指的是由内丹功法转化过渡至外丹功法。

第三个重要的转折点和里程碑指的是非眼内视“觉明”阶段，由原来的练功时用意内想、眼内视、耳内听，“三性归一”的意守方法，转化过渡为意照、心照、神照“三照归一”为“光照”的修炼方法。

第七章　拍打功功效研究

第一节　拍打功对高血压、抗衰老功效之研究

高血压是常见的中老年疾病，严重危害着人们的身心健康。中医认为，高血压是属于“阴盛”“肝火”等症，其发病机制是上实下虚，本质是肾虚。因此，滋下虚之肾阴，降上逆之肝阳是本病治则。中医学认为，人体衰老又与疾病的发生、发展及机体阴阳失衡、气血失调，精、气、神亏耗密切有关，特别是肾精亏损可引起早衰。肾为先天之本。我们按照中医传统学“肾主骨”理论采用现代测试指标、骨矿含量、24 小时尿雌二醇、睾酮测定来探讨拍打功在高血压病中延缓衰老的作用。

我们在研究时选择了中医辨证有明显肾虚见证高血压患者 38 例，并设健康人组作对照分析。研究结果表明，经练功一年前后对比观察，血压降低、肾虚症状明显改善，特别是骨矿含量对比观察发现，练功一年前后从 0.624±0.039 升高至 0.692±0.079，经统计处理有明显差异。第一组：50~59 岁（20 例），练功前 0.627±0.040，与同年龄正常男性对照（20 例）0.695±0.096 相比 $P<0.01$，有显著差异。第二组 60~69 岁（18 例），练功前 0.621±0.039，与同年龄正常男

性对照（18 例）无明显差异，而经练功一年后骨密度也明显增长为0.6720.083，经统计学处理，$P<0.05$，有明显差异，同时练功前后 24 小时 E_2 和 E_2/T 比例分别从 3.269±1.294 降低至 2.226±0.829；从 2.972±1.530 降低至 1.357±0.553，经统计学处理，$P<0.01$ 有显著差异。中医认为肾主骨、生髓，以使骨坚齿固、脑充发举、精力充沛。本研究工作发现男子 40 岁以后，此阶段实施早期锻炼，可抑制骨量丢失，在人体内部从根本上抑制衰老发生。同时进一步发现性环境变化与中医肾虚具有内在联系。

本研究表明，拍打功是以炼精化气、炼气化神为特点的功法，具有增精、补肾气的体功效果。因此，长期坚持锻炼对人体提高抗衰老能力确实是一种有效的措施。

第二节　拍打功预防血栓形成的研究

近年来，我国的心脑血管血栓性疾病发病率增高，这类疾病已成为我国人口病亡的主要原因之一。因此，北京国际教学中心与几家医疗单位合作，开展了拍打功预防血栓形成的研究。

一、实验方法

（一）病例选择：健康中老年人 47 例，高脂血症患者（包括脑血栓后遗症、糖尿病等高凝状态者）185 例。高脂血症患者随机分成拍打功组 105 例，对照组 80 例。健康人体是拍打功组。

（二）全部病例于实验开始前和3个月后实验结束时，清晨空腹抽取时静脉血（要求抽血前3天内，服低脂饮食以免影响检测结果）做以下测定：

1. 用RIA法：测定CMP-40、TXB_2、6-K-PGF_{1a}。

2. 用萤光偏振法测定红细胞膜流动性：萤光偏振度(P)，微粘度（n）。

3. 用酶法测定：甘油三脂（TG）、胆固醇（CH）、高密度脂蛋白（HDL）。

为保证实验的一致性，（1项检测）实验前血标本取好后，放置-40℃低温冰箱保存，等实验结束后血标本取好再同时测试。

（三）拍打功组在我们的辅导下，每天上午和下午各练拍打功40分钟，时间为3个月。

对照组服用酸肌醇脂片，每次2片，每天3次，时间3个月。

二、实验结果

1. 拍打功组：CMP-140功前18.53±3.78ng/ml，功后13.04±2.59ng/ml。功后较功前明显降低（$P<0.01$）；对照组：治疗前20.41±9.34ng/ml，治疗后19.52±8.76ng/ml，无明显变化（$P>0.05$）。

2. 拍打功组：TXB_2功前124.45±32.68pg/ml，功后为81.83±25.73pg/ml，功后较功前明显减少（$P<0.01$）；6-K-PGF_{1a}功前48.6816.39pg/ml，功后47.5616.78pg/ml，无明显变化（$P>0.05$）；T/K比值功前3.02±1.25，功后1.97±0.94，明显降低（$P>0.01$）。而对照组：治疗前TXB2为152.574±37.548pg/

ml，6–K–PGF$_{1a}$为 44.649±16.012pg/ml，T/K 比值 3.722±1.242；治疗后 TXB2 为 703.329±379.869pg/ml，6–K–PGF1a 为 83.41±42.105pg/ml，T/K 比值 8.67±3.756，治疗后均比治疗前明显增多（P<0.01）。

3. 红细胞膜流动性。拍打功组：健康人功前 P 值 0.276±0.017，功后 0.273±0.017，功后较功前明显降低（P<0.01），n 功前 3.033±0.457，功后 2.958±0.449，功后略有降低但不显著（P>0.05）；高脂血症患者功前 P 值 0.281±0.023，功后 0.267±0.018；n 练功前为 3.22±0.813，功后 2.8050.45，功后均较功前明显降低（P<0.01）；而对照组治疗前 P 值 0.283±0.028，n 值 3.337±0.93；治疗后 P 值 0.297±0.031，n 值 3.868±1.283，治疗后均呈增加趋势，但不显著（P>0.05）。

4. 血脂（mmol/l）拍打功组：健康人功前 TG 值是 1.344±0.358，CH 为 4.7010±.0601，HDL 为 1.227±0.224；功后 TG 为 1.097±0.548，GH 为 4.484±0.751，HDL 为 1.253±0.312，功后 TG 明显减少（P<0.001），GH 呈下降，HDL 呈上升趋势但不明显（P>0.05）。高脂血症患者练拍打功前 TG 为 2.608±0.77，CH 为 5.115±1.005，HDL 为 1.086±0.324，功后 TG 为 1.435±0.656，CH 为 4.65±0.906，HDL 为 1.224±0.304，功后 TG、CH 明显降低（P<0.001），HDL 明显增加（P<0.01）。而对照组治疗前 TG 为 2.278±2.034，CH 为 6.5±1.407，HDL 为 1.232±0.479；治疗后 TG 为 1.947±1.103，CH 为 4.87±1.156，HDL 为 1.147±0.311，治疗后 CH 明显减少（P<0.001），TG、HDL 均呈下降趋势但不明显（P>0.05）。

三、讨论

a–颗粒膜蛋白（CMP–140）是血小板活化时才表的，它能特异而敏感地反映血小板活化程度。在血栓前状态下CMP-140含量明显增加。拍打功锻炼后CMP-140明显降低，表明拍打功锻炼可使血小板活化程度明显降低，而对照组无此作用。

血栓烷A2（TXA2）是血小板中花生四烯酸的主要代谢产物，它是一种强烈的缩血管物质，并能促进血小板聚集中诱发血栓形成。前列环素（PGI2）主要由血管内皮细胞合成，它是一种强烈的扩张血管物质，是对血小板聚集最有效的内源性抑制剂。在正常生理状态下，血中TXA2和PGI2处于相对的平衡状态，以控制正常止血机制和防止血栓形成。假如血小板释放TXA2增加或血管内皮细胞产生的PGI2相对减少，使TXA2和PGI2的比值增加，就会导致血小板聚集甚至血栓形成。我们通过测定血浆中TXA2和PGI2稳定的代谢产物TXB2和6-K-PGF1a，发现练功后使TXB2较功前明显减少，6-K-PGF2无明显变化，T/K比值明显减少，进一步表明拍打功锻炼能有效抑制血小板的激活，纠正血中TXA2/PGI2平衡失调，减轻血栓前状态。而对照组则相反，TXB2、6-K-PGF1a、T/K均较治疗前增加，提示血栓前状态加重。

红细胞膜的流动性是维持红细胞正常生理功能的必要条件。红细胞膜流动性降低，使红细胞变形能力减弱，从而影响血液的流动，促使微循环障碍的发生并易形成血栓。拍打功组功后 P 和 n 均较功前明显下降，表明拍打功锻炼使红细胞膜流动性增强，血液黏度降低，有利于血液循环和代谢，具有防止血栓形成的作用，而对照组则不具此作用。

高脂血症是心脑血管疾病的主要病理基础之一。拍打功锻炼后取得了明显的功效，可使TG、CH明显减少，特别是使HDL明显增加，更有利于防止动脉粥样硬化的形成。尤其是健康人练功后可使 TG 减少，CH 呈减少、HDL 呈增加趋势，表明拍打功锻炼不仅可以治疗高脂血症，同时还具有防止高脂血症发生的作用。而对照组虽能使 CH 明显减少，但疗效很不理想。

拍打功锻炼是我国传统的医疗保健措施。综观本研究结果表明，拍打功锻炼可通过有效地提高红细胞膜的流动性，调节血管内皮细胞功能和抑制血小板的激活，加强体内脂质代谢来预防血栓形成，为血栓前状态的防治开辟了一条经济、安全、简便的自我康复途径，同时也为拍打功锻炼后微循环和血液浓、黏、聚现象得到改善，提供了血液分子状态改变的依据，为拍打功锻炼祛病健身提供了新的科学证据。

第三节　道家气功“从肾论治”之研究

道家气功是中华民族优秀的文化瑰宝之一，也是中国医学宝库中的一颗明珠。几千年来，中国道家气功在养生保健、防治疾病、延年益寿、开发智力、增长内功等方面已经作出了很大贡献，因此越来越受到国内外气功爱好者和患者的青睐。关于气功医疗作用的机理，目前正在进行广泛研究与探索，我们根据近几年来从事医疗气功的临床实践，结合中医理论，探讨道家气功“从肾论治”的观点。

中医所指的“肾”，不仅包括西医解剖学中的肾脏，而且反映了泌尿生殖系统、神经内分泌系统、呼吸系统、运动系统和水液代谢等方面的某些生理功能及其病理变化。因此，中医所指的“肾”涉及的范围较广，在人体脏器的功能方面颇为重要，在生命活动中具有某种特殊的地位。

一、道家气功与肾的关系

道家气功是通过调心、调息和调身三者密切配合，以内炼精、气、神为主要目的，以放松、入静为核心的自我身心锻炼方法。道家气功学把精、气、神称为人身三宝，是构成人体生命活动的主要物质和功能活动，精、气、神三者之间相互依存，又相互转化。这三者中精是基础，气是动力，神是主导。在道家气功锻炼中强调首先要炼精，在练功过程中特别注重意守下丹田、命门穴和涌泉穴，这些意守部位都与加强"肾藏精"的主要功能有关。气功锻炼还具有培育元气、健脑益智的功效，促使人体身强力壮，记忆力增强，防治疾病，延年益寿。这里所指的"元气"，又名"原气""真气"，是人体生命活动的原动力。中医认为元气是从父母禀受先天之精气，经肾的气化作用和水谷精微的滋养而成。元气能推动人体的生长发育，温煦和激发各个脏器和经络等组织器官的生理功能，是维持人体生命活动的最基本物质。在古代气功文献中，常把元气写作"炁"，所以元气又称为"原始祖炁"。人在出生之前，"炁"是推动胎儿内呼吸的主要动力，人在出生之后，"炁落丹田"成为"呼吸"之根。因此，道家气功锻炼主要能够加强肾的气化作用和提高大脑及大脑皮质的功能，这与中医"肾藏精"，精"生髓，髓通于脑"，"脑为元神之府"的理论相符。道家气功锻炼强调疏通任督二脉，其中督脉循行于身体背面正中线为主，属肾络脑，其主要功能有二：其一是总督一身之阳经，调节一身阳经的气血运行，所以称为"阴阳脉之海"；其二是反映了肾、脊髓和脑的功能。因此道家气功锻炼能够发挥督脉的生理功能，也加强了肾的生理功能。由此可见，道家气功锻炼与肾的关系甚为密切，道家气功“从肾论治”的理论值得深入研究。

二、道家气功“从肾论治”的应用

道家气功“从肾论治”的理论，临床应用是以肾为核心，不仅可以被肾益精法治疗肾虚病证，如阳痿、遗精、不育症、慢性肾炎、糖尿病、腰背酸痛、耳鸣等，而且可以治疗与肾有关的脏腑病证。按照中医五行学说，肾与肝、心脾、肺关系极为密切，肾属水，肝属木，肾水可以滋养肝木，所以滋肾养肝法能够治疗肾阴不足，水不涵木，而致肝阴不足、肝阳上亢的病证，如高血压、脑血管疾病、头痛、眩晕、目赤肿痛等；心属火，心藏神，肾水可以制心火，因此滋肾泻心法能治疗肾阴亏损，水能制火，而致心火上炎、心神不安的病证，如神经衰弱、心悸、心痹痛、口舌生疮等；脾属土，主动化，为后天之本，气血生化之源，肾藏精，为先天之本，生命之源，肾脾可以相互促进，所以健脾补肾法可以治疗脾肾阴阳两虚的病证，如慢性胃肠炎、溃疡病等；肺属金，肺为气之主，司呼吸，肾主纳气，补肾可以加强肺主管呼吸的功能，所以补肾纳气法能够治疗肺肾气虚、咳喘日久的症证，如老慢支、肺气肿、哮喘等。由于道家气功锻炼是以内炼精气神为主要目的，其中以内炼元精、元气、元神尤为重要，而肾与元精、元气、元神的关系最为密切，因此道家气功“从肾论治”适用于治疗许多常见病和多发病，这对于其临床应用具有一定指导意义。

综上所述，道家气功“从肾论治”的理论是康复医疗作用的原理之一，从中医理论和道家气功临床应用中证实气功“从肾论治”的观点是有一定科学根据的。

第四节 对道家气功“调心”的研究

道家气功具有健身康复、防病治病、延年益寿的作用，毋庸置疑，道家气功用于祛病强身所取得的效果也越来越引起人们的普遍重视。而在道家气功三调（调身、调心、调息）中，调心居首要地位。因此，深入探讨道家气功调心对机体的效应及实验机理，则是道家气功研究中的重要内容。

道家气功调心，主要是对心—脑功能的调整，这是练好道家气功的重要关键。

通过道家气功“调心—入静”，有利于脑循环改善。我们对 9 例原发性高血压患者在接受气功治疗前后进行脑阻抗血流图的测定，结果提示练功入静后，可以使脑循环输入阻抗下降，血管紧张性收缩程度减轻，有利于脑循环改善。我们对入静后脑血流图的观察表明，练功入静对血管左右对称性的调整和改善血管壁的弹性有积极作用，这对增强大脑机体活动，激发大脑固有潜能和改善全身机能状态是极为有利的。

从临床脑电图中分析，脑电图 a 节律可以作为一个人意识水平的客观指标。

我们用多指标分析综合观察气功功能态下生理学的变化，发现练功中脑电图额部和枕部 a 节律电压增加是其特征之一。我们通过对 36 名练内丹功中脑电功率谱分析也发现，脑电 a 波段在整个功率谱中所占的百分比明显升高，脑电功率谱陈列图分析也见 a 波段能量逐渐增大。并指出，脑电 a 波指数升高已被公认代表人的安静程度，这说明 a 波增加确实反映了练功时大脑入静程度，并且这种入静程度是逐渐加深的。

气功态下皮质自发电位活动的共性是a波峰值增加，频率变慢，额枕脑波关系逆转，以及全脑a波同步化。我们从气功态下脑电图的变化看，入静后出现a波，给予刺激仍无变化，而休息及睡眠则无此现象，说明气功入静中大脑皮质状态与休息和睡眠不同。《医用气功学》转引北戴河气功疗养院和中国科学院生物物理研究所等单位报道：练功20分钟前后两次脑电图测试结果表明，对照组额枕各频度的相对功率无明显变化，而气功组在入静过程中额区频度相对功率明显下降，a频段则明显上升，睡眠组则在枕区发生与此相反的变化。因此他们认为不应仅从气功态时眼动频率下降、呼吸次数减少、心脏早搏消失、脑血流量下降及痛阈提高等现象，就以为入静是大脑皮质的抑制；也不应从脑电功率谱的增高、多种动作灵敏感性准确率增加、光点响应功能增强、限时心算解题准确性上升以及肢体血液量增加，就认为练功不仅会引起大脑兴奋，而且使整个神经系统性上升以及肢体血液量增加。实际上练功是对整个神经系统兴奋和抑制过程的调整。也有的学者认为，入静下大脑皮质是处于“与清醒的低代谢状态相吻合的主动性内抑制”。额区是脑功能最高级和潜力最发达区域，练功中脑电图a波幅明显升高，说明有可能通过气功态接通额叶与丘脑——垂体系统的联系，从而使气功者对体内过程的控制成为可能。练功者通过主动的意识活动去影响内脏功能，达到治病强身的效果。同时，内脏及其植物性功能的活动信息，由植物神经中枢——下丘脑，通过丘脑进入专管意识活动的前额区，转变成意识或对某些意识活动加以“润色”，因而便出现了入静时的各种心理景象。由此可见，在气动入静过程中，额区皮质与丘脑之间相互作用，可能就是气功的心理过程作用于生理功能的神经机制。

当大脑进入到气功态时，人体的神经递质及内分泌激素代谢也有一些良好变化。在气动态下，肾上腺素代谢大大降低（约降一半左右），而五羟色胺的代谢水平提高（高 2~3 倍）；可使生长激素、皮质激素分泌减少，血浆中催乳素浓度提高，多巴胺活性降低，从而使蛋白质更新率下降，相对地延长了神经细胞的寿命。

练内丹功后，Et-RFC%（总 E 花环形成细胞百分率）、LT%（T 淋巴细胞转化率）和血清溶菌酶（其活力在一定程度上是机体细菌感染的非特异性免疫功能指标，可反映巨噬功能）含量均较练功前升高，可见气功锻炼能够提高机体的免疫功能。

当人体处于松静状态时，对外周循环和微循环产生一定的影响，练功后 5-HT 含量明显下降，这样外周血管由收缩转为扩张，表现在微循环多种指标的改善，毛细血管血流量也比平时增加 15~16 倍。由于外周血管的扩张和毛细血管血流量增加，这时可感觉到手足或意守丹田等部发热，有气行、气动、发热等感觉，也就是气功中所谓的“气感”。毛细血管随血流量的增加，携带血、氧等营养物质、激素等也相应增加，这也许是许多练功老人能够童颜鹤发、老年斑变浅或消失的原因。据 1977 年美国学者本森（Bcnson）博士在研究气功放松疗法（即松弛反应）和静坐实验观察证明：人类心理活动，可引起互相抗衡的下丘脑反应——应激反应和松弛效应。应激反应伴有交感神经系统活动增加，而松弛反应却以持续的交感力降低的变化为其特征。机体放松后，可出现氧耗量、脑电、肌电、血压、心率、呼吸频率、动脉血乳酸盐含量均有降低减慢等一系列交感神经活动降低的变化。其中血液中乳酸盐浓度降低，是由于入静时全身紧张度减弱，毛细血管扩张，血液循环改善，血液中含氧量增加，而使得在缺氧时产生的疲劳素——乳酸盐浓度下降，紧张和疲劳解除。我们通过高血压患者练内丹功的生化参数变化，综合观察结果表明，气功锻炼对中枢及植物神经系统，下丘脑—垂体—肾上腺轴、性腺轴以及脂质代谢等有多方面有益的调整作用，为道家气功保健、养生、治疗、康复作用方面提供了客观依据。

道家气功意守某一事物，具有等二信号系统调节人体机能活动的作用。我们观察到练习内丹功的意守劳宫时，相应部位的上肢血流非常显著地增加，而非意念部位的下肢血流却有所降低，认为这恰是气功师进入气功态以后，按照以意领气的原则，意到气到，气到血到，使相应部位血液量增加，这是气功之所以能自己治病强身的生理学基础。练功过程血压趋向正常范围，而意守头部则血压上升，意守足部则下降，意守丹田则取其中，意守部位的皮肤温度也明显上升。我们运用脉象仪测试内丹功锻炼时的脉象，也发现运气于喉、胸、上腹、下腹等不同部位时，寸、关、尺脉象也起相应的变化。特别是练大小周天功行气时，脉象的幅度变化更大。我们从系统观点出发，用多个指标综合观察了 80 名被试者在气功功能态下脑电、呼吸、穴位皮肤温度、心率和血流等生理学指标的变化，发现在气功功能态下意守下丹田时，气功师、练功组比对照组脑血流明显减少，呼吸频率显著减慢，穴位皮温上升，下丹田区域血流量明显上升，脑电图 a 波节律电压上升。这些变化是气功功能态下具有特征性的生理变化，从而给描述气功功能态提供比较系统的客观实验指标。

道家气功通过调心——入静、放松、意守，使中枢神经系统进一步得到修复、调整和平衡，同时也促进了循环系统功能，提高机体免疫机能，影响生化、代谢、内分泌功能等，从而使机体自动调节系统趋向有序化程度更高的状态。这对保健康复、防病治病、延年益寿、开发潜能、增功增智都有着极其重要的意义。

第八章　古代秘传道家内功文献摘录

第一节　炼丹记

心印經

上藥三品　神與氣精　恍恍惚惚　杳杳冥冥
存無守有　頃刻而成　廻風混合　百日功靈
默朝上帝　一紀飛昇　知者易悟　昧者難行
履踐天光　呼吸育清　出玄入牝　若亡若存
綿綿不絕　固蒂深根　人各有精　精合其神
神合其氣　氣合体真　不得其真　皆是強名
神能入石　神能飛形　入水不溺　入火不焚
神依形生　精依氣盈　不殘不凋　松栢青青
三品一理　竗不可聽　其聚則有　其散則無
七竅相通　竅竅光明　聖日聖月　照耀金庭

心經

天君泰亨　百體從令　元氣布行　以齊七政

四象成道　萬邦咸寧　君臣際會　靈臺緯經

四德正中　繼繼承承　璇璣運機　閶闔衛榮

開楞釋鎖　白雲捲空　糲稈鑿御　金蟬化形

維即互隔　鍊擅丹宮　益壽延年　化身長生

存保心神　大聖日用　思慮未起　鬼神莫量

道德廣大　閑邪存誠　心不在道　道在心工

不入汚穢　不戮其躬　能使不善　不敢侵攻

精神守護　心力氣靈　萬紫山光　造化興功

右心經

一得永得　自然身輕　太和充溢　骨散寒瓊

得丹則靈　不得則傾　丹在其中　非白非青

誦之萬遍　玅理自明

上藥三品圖

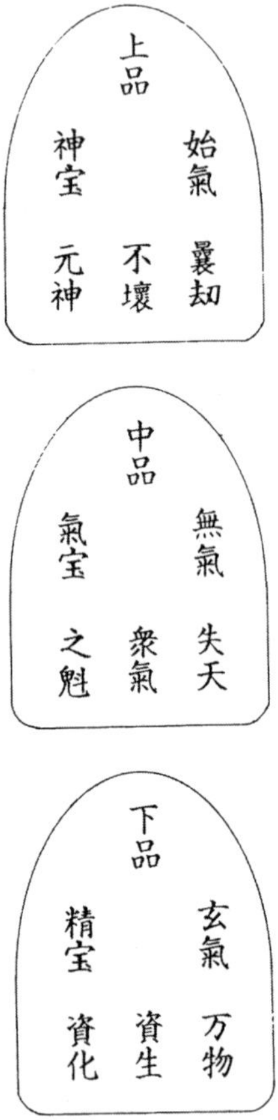

讚曰

玄元始氣　太極精華　理無二致　三者一家

擎天柱地　飛景流霞　收歸金鼎　結就丹砂

第二节　道家内功传人

陈　抟

拍打功相传于华山道士陈抟，距今已有千余年的历史了。

陈抟原名为陈希夷（817—989），是道家气功修炼名人。他不仅在道家门传授拍打功和内丹功，还著有24气坐功导引图。传说在宋朝年间，陈抟与赵匡胤（宋太祖）是多年好友，陈抟曾教授给赵匡胤拍打功和内丹功，并赠送24气坐功导引图。后来，赵匡胤当了皇帝，拍打功和内丹功又成了皇宫中修炼养生长寿之秘术。

彭庭俊

拍打功在道家门内相传源远流长。拍打功对外传授还要从中国武术流行的鼎盛年代——清朝的1820年间谈起。

当年道家名人霍成广老道到山西一带布坛传道时，有一名叫彭庭俊的青年人，练习拳术多年，当他得知此消息后，不顾路途遥远，赶去学习道家之术。尤其是当霍成广老道讲到如何修丹炼内功时，彭听得如醉如痴，深感乃点石为玉之言，只觉相见恨晚，从此多次登门求教。老道看彭勤奋好学很是喜欢，每次彭去都根据他练功情况指点一二。师言如获至宝，他按指点方法开始修炼道家内功术，几个月后他已感内功进步了许多。当彭再次登门想正式拜师学艺时，不曾想老道已到其他地方云游布坛传道去了。彭懊悔未及，无奈只好按老道指点的方法每日下功夫苦练。一晃不觉三年过去了。三年之后，当霍成广老道再次到山西布坛传道时，彭听说后起大早赶去相见，当与老道谈起这三年多按师之指点的方法，每日早起晚睡苦心修炼时，老道很是满意，于是正式收他为徒。彭自拜老道为师，得其“道家内丹功”“拍打功”等，如获至宝，经过一个阶段的练功后如鱼得水，功夫日增，经过多年苦心修炼终于功进大成，名扬武林界。

道家气功著名传人胡耀贞先生武林逸事

有一年的大年初五，冯志强先生和十几个师兄弟约好了，一起到胡耀贞老师家去拜年。这几天过年，胡老师正休息，见这么多学生来给他拜年，很高兴。他和大伙聊了一会儿后，对大家说：“今天我让你们体会体会‘站桩功’的功效。”然后胡老师和大伙儿来到了院子里，他做了个“站桩功”的姿势后，让两个人抓住他的左胳膊，两个人抓住他的右胳膊，用劲向前拽，又让两个人在他背后使劲向前推他。只见这 6 个身强力壮的小伙子几乎使出了吃奶的劲也没有拽动胡老师一步。胡老师就像一座铁塔一样纹丝不动。突然，胡老师做了一个“金鸡抖翎”的动作，6 个年轻力壮的小伙子立刻被抖落得前仰后合地摔倒在地上了。

胡老师让一个学生击打他的腹部（丹田），当那个学生上步用拳头猛击他的腹部时，胡老师并不动手，只运用“丹田鼓荡”的内功之术，便将那位学生击出五六米开外。

据冯志强先生回忆当时的情景时说，当时大家既想看胡老师难得展露的内功绝技，又怕胡老师叫自己去试，所以有的人躲到墙角后面，有的人躲到房柱子后面，还有的人跑进屋子里从窗户往外看，谁也没有勇气再上前去试了。

晚上，大家在胡老师家吃饭时，胡老师语重心长地对大家说："今天我给你们示范表演的内功之术，是想让你们了解修炼内功的重要性，修炼内功就像盖房子打地基一样重要。"他一边说着一边从桌子上拿起了一根木筷子，随手向门上一甩，只见木筷子似飞出去的利箭一样，深深地扎入门板里有4寸多深。在大家惊叹之余，胡老师又接着说："今天你们都看到了，要记住一句武术谚语'练拳没有功，到老一家空'，希望你们以后要加强对内功的修炼。待你们内功达到一定水平后，不仅能达到健身祛病、延年益寿之功效，将内功运用于中医的点穴按摩上疗效更佳；运用于硬气功能开砖劈石；运用于拳术之中更觉气力饱满充沛；运用于器械则更具威力；运用于技击擒拿之中有更胜一筹之功效。"

胡老师因势利导的一席话，使大家更加了解到了修炼内功的重要性，纷纷下定决心，一定要把内功练好。

"太极棒尺内功"是什么年代被引进到陈式太极拳中来的？

陈式太极拳中现在有两项训练内功的重要功法，"太极棒尺内功"和"站桩功"。但是，从太极拳的历史资料和书籍中，从未提及陈式太极拳中有太极棒尺内功和"站桩功"训练方法方面的记载。那么，"太极棒尺内功"和"站桩功"是什么年代被吸收引进为陈式太极拳的训练方法的呢？

这还要从1928年10月陈发科先生从河南温县陈家沟村来到百花齐放的北京城谈起。自从陈发科先生来到北京，开始传授陈式太极拳后，不久便结识了当时北京武林界道家气功和心意六合拳的著名传人胡耀贞先生。由于性格相近，又都酷爱练功，所以两个人很谈得来，陈发科先生很敬佩胡耀贞先生精通内功之术和渊博的中医知识，胡耀贞先生也很佩服陈发科先生的太极技艺和令人尊敬的武德，两人在长期的交往中建立起了友谊，成了知心朋友。

当时陈发科先生住在宣武区螺马市大街的河南会馆，胡耀贞先生住在宣武区前门大街，他在北京市针灸门诊部工作，是中医师。两家离得不太远，所以他们时常在空闲时，互相串门聊聊天，当然“三句话离不开本行”，两人谈论最多的是关于练功和武林界中的一些事情。

一个星期天的中午，陈发科先生吃过午饭后无事，便到胡耀贞先生家去串门聊天。当他走进胡家的院里时，看见胡耀贞先生正在院子里练习“站桩功”。陈发科先生不想打扰他练功，就从院里悄悄地退了出来，到前门商业街一带去散步。一个多小时后，当他再次来到胡家时，看到他还在纹丝不动地站着，他又退了出来后，到附近的一家茶馆喝茶去了。当他第三次来到胡家时，正好赶上胡的太太从屋子里出来，看见了陈发科先生后，将他迎进了屋子里。胡耀贞先生得知陈发科先生到来后，便收功不练了，走进屋中陪陈发科先生喝茶聊天去了。

当两人聊到练功方面的一些事情时，陈发科先生说：“经常看到你练习和谈论起‘站桩功’和‘太极棒尺内功’，它的技术理论和练功方法很有独到之处。我们陈式太极拳中也有缠丝功练习方法，两者如能结合起来，岂不是更好吗？”胡闻此言道：“陈兄所言极是，我们不妨练练试试。”说着走进里屋取出了两个太极棒，然后，胡耀贞先生便带着陈发科先生练了起来……

从此，陈式太极拳的训练项目中，又增添了两项训练内功的重要方法了。陈发科先生是陈式太极拳第十七代著名传人，当时他能做到互相交流，取长补短，实为现代人学习之楷模。

“太极巨人”冯志强先生武林逸事

力托千斤露神功

20世纪60年代，冯老师在北京电机厂工作期间，一天，过梁吊车吊着一台上千斤重的电机芯在车间内运行时，突然发出了吱吱作响的异常声音，原来是吊着电机的钢丝绳松脱发出的声音，眼看电机就要坠落下来。正在旁边工作的冯老师发现后，一个箭步冲上去稳稳接住了这个庞然大物，在场的人都被他的举动惊呆了。那电机芯的重量可是1100斤啊，平时七八个身强力壮的小伙子也要费好大气力才能抬动。此事在电机厂里传开以后，不少年轻人出于好奇，多次想办法激他露一手，可冯老师不管年轻人怎样“欺负”他，总是笑笑，不和大伙儿较真儿。

那时北京电机厂里有一个摔跤队，队里有12个生龙活虎的小伙子。一天，冯老师路过摔跤队的训练场地，被小伙子们看见，便一窝蜂围上来要与冯老师较力。冯老师推辞不过便笑着说：“你们排成一队来推我吧！”于是这12名摔跤手一个接一个，像“火车”一样排成一队，最前面的人用两手推在冯老师的腹部，然后，随着一声“一、二、三，推！”的口令，大家一齐用力向前推去，只见冯老师身体往下一沉，丹田内转，12名摔跤手则纷纷东倒西歪地摔倒在地。

说来也巧，1987年在深圳举办的国际武术训练班上，一个外籍学生也想试试冯老师的功力，便约来了7个同学一起来推冯老师，当时正巧有位记者在场，拍下了这个饶有风趣的场面。

爱憎分明惩歹徒

一天，冯先生下班回家途经一条胡同时，忽听前面有人哭，走近一看，三个歹徒正在抢一个姑娘的自行车。歹徒见有人来，一齐亮出尖刀威胁着：“你少管闲事！”面对歹徒，冯先生怒从心起，说声：“让我遇见了就得管！”话音未落一拳打倒一歹徒，第二个家伙凶狠地刺过来，冯先生让过刀尖，反手擒拿住歹徒的手腕，只听“咔嚓”一声，尖刀被打落在地，第三个歹徒从冯先生的身后冲上来，只见他一蹲身将歹徒掀翻在地。三个坏蛋一看碰上了硬碴儿全吓跑了。最后冯先生一直将姑娘送到家门口，等姑娘的家人来道谢时，他早已消失在夜色中。

巧挫美国大力士

1981 年 9 月 2 日上午，北京体育学院（现北京体育大学）的卫生室里请来了一位重眉毛、大眼睛、虎背熊腰、体格魁伟的老工人当按摩大夫。他，就是冯志强老师。

不一会儿，武术教练门惠丰陪着一位美国大力士来到卫生室。这位美国力士每天来按摩，倒不是因为有什么病，而是在学习中国的按摩手法。按摩完毕，他还趴在床上，卫生室的李大夫悄悄走到他的头前，说：“你不是要见冯老师吗？”

“什么冯老师？”大力士一愣。“冯志强老师呀！”李大夫抿嘴一笑。

原来，这位大力士叫库玛，是美国太极拳研究社教练，身高一米八零多，体重一百八十多斤，三十三岁。他六岁开始练猴拳、少林拳，后又学合气道、形意、八卦、太极；为学瑜伽术内功曾专门到印度两年，也曾向日本的高手学柔道，在美国曾获柔道冠军；走遍五十多个国家。这次，他从东南亚、香港而来，走过的地方没遇到对手。踌躇满志的库玛来到北京体育学院后，找了几位练太极、形意的人和他过手，不满意地说："像这样的我不再见了，简直是浪费工夫！"

说起冯志强，早年曾随沧州人韩晓峰练通臂，随山西人胡耀贞练六合心意和道家气功，1951 年拜河南陈家沟名拳师陈发科练陈式太极拳，深得陈式太极擒拿跌打的精髓，堪称陈发科之高徒。曾多次与通臂、炮锤、形意、八卦、摔跤者较量，对方无不佩服他的功夫和人品。

寒暄过后，库玛练了几个式子，比划了几手猴拳，问道："怎么样?"冯志强答："你上身有力，下身发飘。"

库玛自然不服气，便"谦虚"地请"冯老师"说说手法。冯志强说："好，你来劲，我接劲吧！"

库玛高兴异常，用上全身解数，饿虎扑食般猛扑过来。说时迟，那时快，冯志强双臂自下而上一迎，迅即沉肩坠肘，左膝已进入对方裆间。此着在太极上称作"引进落空"。库玛有前倾扑空之感，赶紧后撤找重心，冯志强的右膝已绊住他左膝，哪里站得稳？冯又一点他胸部，他一愣，冯并双手发劲，没等他反应过来，已被击得腾空而起，幸好后面有人接住，否则还不知要跌成啥样呢。

库玛站住身后，伸出大拇指，用不熟练的汉语咕噜着说："冯老师不得了，冯老师不得了！"

冯志强谦逊地伸出小拇指说："在中国，我属这个，比我强的还大有人在！"

"真太极"技惊上海

1982 年 7 月，"全国太极名家汇演"在上海举行。当时的上海武术界就像七月的夏天一样，掀起了一股"太极热”，而冯老师则是这股热潮中最热的热点之一。其原因有二：一是人们要看看这位挫败洋武师名扬海内外、当今陈式太极拳最高代表的风采，二是此次全国太极名家汇演，其他的太极名家都是带着学生来，并要和自己的学生表演太极推手的，而冯老师却是单刀赴会，配手由大会指派。第一场汇演时，大会组委会指派了一位练太极拳的当冯老师的推手对手，双方一搭手，只见冯老师“弹簧劲”一抖，对方便腾空而起，身体划着弧线飞了出去，重重地撞向了主席台，撞翻了台上的杯子。观众们对冯老师精妙的推手报以热烈的掌声。

第二场汇演在室外体育场举行，大会组委会又指派了一位练外家拳硬气功的武术好手当冯老师的推手对手，此人在上海很有名气，出手从不饶人。双方一交手，那人果然不客气地使尽全力朝冯老师击来，只见冯老师运用了一个太极拳中的“黄龙三搅水”的动作，一招便将他打翻在地，随后又使用“引进落空”，使对方身体前栽后扑倒在地。与会者及观众们大开眼界，对冯老师太极功夫赞不绝口，那位推手对手更是打心眼里佩服冯老师，他说出了大家的心里话：“冯老师的功夫是真功夫，冯老师的太极是真太极。”

群星研技聚北京

“文革”过后，从 1982 年开始恢复了全国太极推手比赛。在几年来的全国太极推手比赛上，参赛选手普遍技术水平较低，太极拳的技击风格发挥体现不出来，出现一些“顶牛”“拉扯”的现象，有些人甚至对太极拳理论中的技击方法产生了疑惑。根据此情况，中国武术院研究决定，召开一次全国太极推手研讨会，以解决在全国太极推手比赛上存在的问题。

1990 年，中国武术院邀请了全国太极拳各派的名家代表和在全国太极推手比赛上各级别的冠军们，大家汇集在中国武术院设在北京郊区的训练场，中国武术院副院长张山主持了这次全国太极推手研讨会。在研讨会上，有人提出了是比赛规则中的一些规定限制了推手技术水平的发挥，也有人提出是比赛场地较小而产生“顶牛”和“生拉硬扯”的现象等。陈式太极拳代表冯志强老师提出：参赛选手技术水平较低，功夫不到家，是造成太极推手比赛时发生“顶牛”和“生拉硬扯”现象的主要因素，所以，提高功夫水平、提高技术质量是克服推手弊病的最有效的方法。

在实践推手研讨时，中国武术院安排了让各级别的推手冠军轮流进行推手，并请太极专家们在出现问题时给予现场技术指导。在众名师之中，冯老师自然又担任起主要技术指导的重任。

当研讨发生“顶牛”现象时，冯老师指出，遇到此情况时一方要敢放松，敢放松才能进行“引进落空”化解对方的来劲，不敢放松是造成双方发生“顶牛”现象的主要原因。年已 60 多岁的冯老师亲自和他们进行推手，让他们体会防止、克服“顶牛”现象的有效办法：（1）当对方抓住冯老师的双臂用力推来时，冯老师双臂向后引动，待对方旧劲已逝、新劲未生之际，双臂迅速反弹以“弹簧劲”将对方发放出去；（2）当对方用全力推冯老师胸部时，冯老师旋胸转腰将对方劲化开，就在对方身体失重的刹那间，迅速进身上步，一记干脆利落的发劲，将对方发出去。对方起来后，抓住冯老师的双臂再推，冯老师运用变化阴阳的技术，将对方来劲“引进落空”后，迅速反击，“合即出”地将对方击打出去。

冯老师的言传身教使大家心悦诚服，决心在提高技术质量上多下功夫。

名人拜师再学艺

在全国太极推手研讨会结束的晚宴上，河南省太极拳代表张茂珍先生亲自给在座的武术院的领导、太极拳名家的代表、各级别的推手冠军们斟酒，并激动地说，我出生在一个武术世家，练功几十年，虽然在河南郑州等地有一些影响和名气，但是，通过参加此次中国武术院组织的全国太极推手研讨会，看到冯志强老师的亲自示范和技术指导，深感艺无止境。我十分敬佩冯老师的太极功夫，今天当着武术院的领导和大家的面，请大家作个证，我要正式拜在冯老师门下重新学艺。

话音刚落，坐在一旁的曹之麟先生站了起来，紧接着说，我练武近 20 年，曾在太极推手上下过些功夫，获得过上海市 1982 年、1986 年和全国 1986 年的太极推手比赛 65 公斤级的冠军。虽然取得了一些成绩，但在实践中免不了会产生两力相顶的情况，我心里也明白太极拳的特点是以弱胜强、以小力胜大力、粘黏连随、不丢不顶、引进落空、四两拨千斤、以巧取胜的道理，那么怎样在实践中才能真正做到这些呢？通过近年来跟随太极名家冯志强老师学习太极推手和混元气功，方知其中奥秘。尤其观看了几次老师的太极推手技击后，对我触动更大，深感太极功夫博大精深，学无止境。所以，我也要拜师再学艺，使自己的太极推手功夫更上一层楼。他俩言短情切的一番话，博得了全场热烈掌声，大家纷纷举杯向冯老师及其俩“弟子”祝贺。

“内功王”王凤鸣先生武林逸事

点穴露绝技

一个外地人，经人介绍找到了王凤鸣老师。在交谈中王老师得知，此人叫李××，在湖南省公安局做侦察员工作，酷爱练武，曾两次获得湖南省散打冠军。又因在执行任务时，多次制服过行凶的歹徒而立功，受到上级部门的嘉奖。

他们俩交谈了一会儿后，小李将话锋一转说道：“想和王老师试试手。”当他和王老师搭上手时，年轻力壮的小李感到自己的双手臂犹如被胶粘住了一样，身体如同被绳子捆绑住了似的，不管他用什么办法想解脱，总是摆脱不掉。这使小李有劲也用不上，有功夫也发挥不出来，他大惑不解地问王老师：“您运用的是什么方法？”王老师告诉他：“这是太极拳中粘连黏随的技术。”小李接着说道：“如果您不介意，我可以用散打快攻的方法吗？”王老师爽快地应道：“那你就进招吧！”这回小李使出了他的散打本领，快速迅猛地出右拳来了一个猛虎掏心，朝王老师的胸口击来。只见王老师用左手拨化开他击来的右拳后，趁势进身，将右脚放在他右腿的后面，右手臂放在他的脖颈处，说时迟那时快，手脚齐发，一个太极拳中的“摆莲腿”便将他重重地打翻在地上。再看这位散打冠军还真不含糊，一骨碌从地上爬起来后，又挥拳朝王老师的面部击来。王老师闪身让过，同时用右手引化开他击来的拳头后，就在他肋部露出破绽的刹那间，顺势上步，运气于左手二指，朝他肋部的章门穴上一点。小李感到如同利剑穿身一样，疼痛难忍地用双手捂着肋部蹲在了地上，张着嘴而喘不上气来，脸色也变得苍白了。王老师看他痛苦不堪的样子，便过去在他身上按摩了几个穴位，过了一会儿，只见小李深深地出了一口长气，才逐渐恢复到正常状态。后来，小李成为了王老师的弟子。

国内外曾经领教过王凤鸣老师点穴的一些人，无不为他那功深技精的点穴绝技所折服。

三战三胜日本武士

（一）突然袭击

1990 年，王凤鸣先生和冯志强老师应日中太极拳交流协会的邀请，来到日本东京进行太极拳教学。有一天上课的时候，王老师正在带领日本学员练习太极拳套路时，突然感觉到背部被猛击一掌，只见王老师随击来之势，迅速敏捷地转动身体，用双手就势抓住了此人的胳膊，顺势一捋将他捋倒趴在了地上。当时大家被这突如其来的情况弄蒙了，都不知道是怎么回事。王老师通过翻译对那个人说：“你这样做是没有礼貌的。”那人从地上爬起来之后，马上给王老师深深地鞠了一躬，并说道：“对不起王先生，我失礼了！”

下课后，王老师从学生们那里了解到，此人曾练习过空手道、柔道，这是他第一次参加太极课，想了解太极拳的技击方式怎么样，试试王老师的太极功夫如何。

在日本的教学工作顺利结束了，在临回国的头一天晚上，日中太极拳交流协会的负责人小池勤先生找到王老师，提出想挽留王老师在日本进行一年的太极拳教学。当王老师因单位工作忙而婉言谢绝时，小池勤先生便马上邀请王老师明年再来日本进行太极拳教学，并聘请王老师为日中太极拳交流协会顾问。

（二）正面交锋

1991年王凤鸣先生应日中太极拳交流协会的邀请，第二次来到日本东京进行太极拳教学时，那个偷袭过王老师的人又前来参加了王老师的太极课。有一天上课，王老师讲到陈式太极拳中的“披身捶”动作的技击要领时，说明此动作是用于破解对方抓拿衣襟后运用的技击方法，此人听后说道：“我们的柔道运用抓衣襟的方法，当对方被抓住以后，他便毫无办法了。”王老师闻此言道：“太极拳中的这个披身捶的动作，是专门破解对方抓衣襟技术的方法。”此人听后说道：“那么请问，我们可以在实践中进行一次验证吗?”王老师爽快地应道：“当然可以。”此人二话没说，上来伸出右手就一把牢牢地抓住了王老师的衣襟不放。只见王老师用右手抓住了对方的右手腕，将左肘放在他右胳膊的肘关节处，转腰合肘运气同时进行，运用太极拳中“截劲”的技术方法，一下子便将对方重重地摔倒在地。他爬起来再试，功效如前，换左手还是不行。最后王老师干脆让他双手一起抓住衣襟，同样还是被重重地摔倒在地上。就这样连续反复试验了多次，直到王老师将他摔得无计可施了，他才不得不罢手。

（三）甘拜下风

1992年王凤鸣老师应日中太极拳协会邀请，第三次来到日本东京讲学时，那人再次前来，参加了王老师的太极课。

在一天的太极推手课上，当他向王老师学习太极推手的动作时，他认为施展的机会来了，便趁机抓住了王老师的两只胳膊，猛劲地向前推来。只见王老师旋手转腕解脱了他的双手，反过来抓住他的双手腕后，顺势一采将他引进落空，此时他由上而下犹如跌入了万丈深渊一样。就在他身体失控的刹那间，只见王老师迅速跟进发劲，对方身体好像弹丸般被弹抖出去3米多远。技击不行他又较量擒拿。他上来用右手抓住了王老师的右手后，王老师运用缠丝劲的技术将他反擒拿住，此时他的胳膊似被铁钳咬住了一样疼痛难忍，并感到随时都将有骨折筋断的威胁，他只好拍地认输。三次较量后他真的心服口服了。

在欢送王老师回国的晚会上。此人向大家坦诚地说："以前看到别人演练太极拳，我不相信太极拳有什么技击价值。通过三年来参加王老师的太极拳和推手课后，使我改变了以前的观点，现在我完全信服了中国太极拳中以小力胜大力、引进落空、四两拨千斤、以巧取胜的独特技术了。"

丹田技击和擒拿

在赫尔辛基的TSL成人大学的一次太极拳课上，王老师讲道："太极拳是内家拳，是意气运动，所以练习太极拳时要注意丹田、气沉丹田，待丹田修炼到一定水平后，不仅能达到意到、气到、动作到的练功效果，还能运用丹田来进行技击和擒拿。"这时一个学生疑惑不解地说："以前我学习太极拳时，从未听人讲过这些，请问我可以体会体会运用丹田进行技击和擒拿吗?"王老师听后，便让这位学生用双手使劲推他的腹部丹田处。只见王老师身体重心下降气沉丹田后，运用"丹田鼓荡"的方法将他发放了出去，对方再试，功效如前。然后，他又用一只手猛力推向王老师的腹部丹田处，当王老师运用“丹田内转”的方法进行擒拿时，只听“哎呀”一声，这位学生疼痛地一边抖着手一边颠着脚说道：“真没想到这么厉害！”

下课后，这位学生对一些学员们说：“我以前虽然练习太极拳多年，但是感到内功进步不快，一直停留在外形的水平上。这次很荣幸地与王老师相识，使我找到了太极拳与气功同时修炼的好方法。”

在1996年法国巴黎举办的太极拳学习班上，《法国道》杂志的主编采访了王老师，在亲自体验了王老师的“丹田鼓荡”和“丹田擒拿”的绝技以后，向大家讲道：“我作为《法国道》杂志的主编，曾经采访过武术界的许多名人，但是达到王老师这种内功水平的，还真是不多见。”

以巧取胜的典范

一个星期天的早晨，王凤鸣老师正在北京天坛公园里练习陈式太极拳。一个外国人看到后来到他练拳的地方，用不熟练的中国话和王老师交谈起来。他自我介绍说，他叫马可夫斯基，家住在俄罗斯的圣彼得堡市，从小喜欢练武，曾练习过柔道、空手道、形意拳和太极拳。他有一个梦想，将来有一天到中国去学习武术。一直等到1988年俄中文化交流，他获得了到北京体育大学留学的机会，才圆了他多年来的美好梦想。

交谈了一会儿后，他说想和王老师推推手。当他和王老师推手时，心里暗暗地吃了一惊。他想自己身高体重上都占优势，但是他们推手时，怎么也找不到王老师的力点，犹如推到棉花上一样虚灵柔化；随他来势的变化，有时王老师的身体又像一座铁塔一样沉重而稳固。王老师这样刚柔相济、灵活巧妙的变化，使他没有施展的机会。

于是他改变了方法，用双手紧紧地抓住王老师的双臂不放，并用劲推。他感到王老师的一只胳膊在向后螺旋滚动，使他劲力落空后，就在他身体失去重心的一刹那，迅速返回，双手相合，一记漂亮的发劲，将他发出去一丈多远。

他看抓住王老师的双臂不行，于是就变为一只手抓住王老师的胳膊，一只手猛力推王老师胸部。只见王老师身躯转动，他就像推在旋转门上一样，来劲被引进落空了，再见王老师顺水推舟地捋他的胳膊，一下子便将他捋倒在地上了。在场的人无不佩服王老师以小力胜大力、以巧取胜的太极功夫。当时有人拍下了此镜头。

几次交手后，他被王老师精湛的太极功夫所折服了。自此以后，他除了在北京体育大学学习外，每逢星期天休息的时候，他都要坐上一个多小时的公共汽车，来到天坛公园找王老师学习太极拳和气功，一直到他在北京体育大学学习结束。

马可夫斯基返回俄罗斯后，给王老师寄来了邀请信和礼品。他在信中非常感谢王老师几年来不辞辛苦地教授他太极拳和气功，并热情邀请王老师到圣彼得堡市教授太极拳和气功。王老师因单位工作忙不能脱身，便回信婉言谢绝了。

慧眼识才

1999 年 7 月，王凤鸣老师在韩国进行气功太极拳教学。有一天，韩国太极气功研究会会长黄龙仁先生带来一位 40 多岁的妇女和一位 10 多岁的男孩子，名叫 Sehi，16 岁，在高中一年级读书。这位妇女介绍说，在她的孩子 5 岁左右时，对父母说，他看到别人身上、胳膊上、手上有局部色彩和一些线状物及点点的东西，我们当时认为他小还不懂事，所以他说什么我们也就没在意。等他长到八九岁时，有时还会和我们说诸如此类的话，我们家长这才意识到在这孩子身上存在一些问题，以为他视觉或是生理上有什么问题或缺陷。我们先后去过韩国的几所大医院检查，经过医生、仪器的严格认真的检查，结果都是视觉正常，身体各部位均正常。为此我们还找过一些韩国的气功师询问，但都是含糊其词，不能得到正面的答复。眼看着孩子一天天长大，作为家长，我们也一天天地为这孩子的身体和前途担心。

经这位妇女介绍情况后，王老师为了更进一步了解情况，就指着旁边的一个人的胸部让他观看，随后他说在那个人肺部周围看到了白色似雾状物。而后王老师又指着他的心口处，问他看到了什么，他说在此部位看到了红色似雾状物。王老师又提出了几个问题让他回答，并伸出自己的胳膊让他观看辨认，他说朦胧中有几条线状物和一些点点位于其中。

当王老师指着手心劳宫穴位，他说看到了红色（此学生从未接触过中医学和气功，对此一无所知）。经过反复论证核实，最后王老师终于以他丰富的中医知识和多年来修炼气功的经验体会，分析论证在他身上出现的这些现象，并不是病症和生理缺陷，而是一种先天特异功能反应。此学生的母亲听得热泪盈眶，她心情激动地对在座的人说："我和他父亲为这孩子的身体和前途担忧多年，王老师今天为我们解开了心中多年的疑虑，真是感激不尽。"当晚在饭店设宴招待了王老师等人。

后来这位女士还带着孩子参加了王老师的太极棒尺内功学习班。当王老师讲到转劳宫动作并做示范带领大家练功时，这位学生发现王老师练功与众不同，在王老师转双手时，其手部周围有黄色光圈随转手而动。

在韩国仁川市的拜师会上，这位妇女拉着孩子的手来到王老师身旁说："这孩子和您有缘，如以后他够条件的话，请您也收下他为徒，正式拜您为师学艺。"王凤鸣老师慧眼识才，在韩国武林界被传为佳话。（韩国　郑恩柱）